Albert F

Im Namen des Vaters

Liturgische Gebete – alte Schätze neu entdecken

SCM R.Brockhaus

SCM

Stiftung Christliche Medien

Die Edition

AufAtmen

erscheint in Zusammenarbeit zwischen
SCM R.Brockhaus im SCM-Verlag, Witten
und dem Bundes-Verlag, Witten.
Herausgeber: Ulrich Eggers

Bodenborn 43 · 58452 Witten
Internet: www.scm-brockhaus.de;
E-Mail: info@scm-brockhaus.de

Umschlaggestaltung: Yellow Tree – Agentur für Kommunikation und Design | www.yellowtree.de
Kapitelfoto: Rotorhead, Norwegen
Satz: Burkhard Lieverkus, Wuppertal | www.lieverkus.de
Druck und Bindung: Finidr, s.r.o.
Gedruckt in Tschechien
ISBN 978-3-417-26505-7
Bestell-Nr. 226-505

Vorwort 5

Einleitung 9

Kyrie (Herr, erbarme dich) 13

Gloria (Ehre sei Gott) 21

Credo (Glaubensbekenntnis) 35

Sanctus (Heilig) 47

Agnus Dei (Lamm Gottes) 57

Proprium (weitere Lieder im
Gottesdienst mit freien Texten) 67

Magnificat
(Lukas 1,46-55: Lobgesang der Maria) 87

Benedictus
(Lukas 1,68-79: Lobgesang des Zacharias) 99

Komm herab, o Heiliger Geist
(Pfingstsequenz) 109

Anhang:
Übersicht zu liturgischen Mess-Gesängen 121

Vorwort

Albert hat mich gebeten, ein Vorwort für dieses Liturgie-Buch zu schreiben. Nun denn, ich will es versuchen, obwohl ich mit Kirche und Liturgie die längste Zeit meines Lebens fast gar nichts zu tun hatte ...

Ja, Weihnachten waren wir als Familie in der Kirche. Da gab es das übliche Krippenspiel der Kinder, die Weihnachtslieder »Ein Ros ist entsprungen« und »Stille Nacht« – und das war auch irgendwie ganz schön. Feierlich zumindest.

Aber ich kann mich erinnern, dass ich einmal nicht mitgegangen bin. Mir wurden der Stress, den das ganze Kirchgang-Ritual auslöste, und der daraus folgende typische Weihnachtsstreit meiner Eltern einfach zu viel. Ich war damals vielleicht 16 oder 17 Jahre alt und dachte: Das kann's nicht sein! Stattdessen setzte ich mich in mein Zimmer, zündete mir eine Kerze an und versuchte, mit Gott zu reden, obwohl ich ihn damals noch gar nicht kannte ...

Erst 1995 durfte ich erleben, dass es diesen Gott wirklich gibt, dass er mich kennt und ich tatsächlich mit ihm reden kann. Ich wurde neu geboren, wie Jesus das so wunderbar ausdrückt. In den kommenden Jahren bewegte ich mich überwiegend in freikirchlichen Gemeinden und in den Lobpreisgottesdiensten einer sehr lebendigen evangelischen Kirche.

Liturgie – das, was in der traditionellen Kirche im Gottesdienst stattfand – empfand ich als leer und hohl. Ich machte mir auch keinerlei Gedanken darüber, woher diese Gebete und Formen eigentlich kamen. Es interessierte mich nicht. Ich wollte einfach frei mit Gott leben und meine lebendige, ganz persönliche Beziehung mit ihm genießen.

Erst viele Jahre später hatte ich meine erste positive Erfahrung mit einer Form von Liturgie: das Psalmensingen im Kloster Selbitz, in dem ich mich zu einer Schweige-Woche angemeldet hatte. Ich brauchte eine Weile, um mich hineinfallen zu lassen in die eintönigen Melodien und die Psalmenworte. Doch irgendwann wurden es meine Worte, und die Eintönigkeit wurde zu einer Einheit mit all den anderen, die mitsangen und mitbeteten. Das war eine wohltuende Erfahrung, bei der ich mich selber loslassen konnte. Jetzt war es gut, einmal keine eigenen Worte haben zu müssen und dennoch innerlich ganz da und ganz mit dem Herzen beteiligt zu sein.

Einige Zeit danach trat Albert in mein Leben. Ein Katholik. Ausgerechnet. Einer, der mit Kirche groß geworden ist. So anders in Vielem als ich. Und dennoch waren wir in unserem Denken, in unserer Berufung, der theologischen Ausrichtung und Spiritualität und nicht zuletzt im Herzen so verbunden. Von ihm durfte und darf ich so viel über diese alten Schätze lernen.

Ich verstand, dass die liturgischen Gebete lebendig waren, als sie seinerzeit von inspirierten Menschen verfasst oder aus der Bibel zitiert wurden. Dass sie aus geistlichem Leben entstanden sind und als Hilfe und Form gedacht waren, um der persönlichen Beziehung zu Gott Ausdruck zu verleihen. Sie werden erst dann hohl und leer, wenn sie von Menschen praktiziert werden, bei denen diese persönliche Beziehung zu Gott nicht mehr lebendig ist oder fehlt. So können auch unsere moderne Lobpreismusik und jegliche freikirchliche Gottesdienstform hohl und leer werden, wenn unser Herz darin nicht in Verbindung mit dem Herzen Gottes schlägt.

Für mich ist die Freiheit, zu der wir als Kinder Gottes berufen sind, ein hohes Gut. Ich jage ihr hinterher. Dennoch bin ich heute auch dankbar für eine Form, die mich erdet und erhebt, die mir tiefe und wahre Worte in den Mund legt und die ich von ganzem Herzen mitbeten möchte.

Albert nimmt uns in diesem Buch mit auf die Spuren dieser alten Gebete und Gesänge. Er füllt sie uns mit ganz neuem und dennoch altem Sinn und haucht ihnen neues Leben ein.

Atmen wir sie tief ein und singen und beten wir sie erfüllt heraus.

Im November 2011
Andrea Adams-Frey

Einleitung

Als Kind habe ich die liturgischen Gebete und Gesänge in der Messe, dem katholischen Gottesdienst, intuitiv aufgenommen, als kleiner Junge in einer Schola (Knabenchor) lateinisch und deutsch gesungen und als Jugendlicher bei der Gestaltung von Jugendgottesdiensten »neue geistliche Lieder« (NGL) für liturgische Positionen gesucht. Als ich zu einem lebendigen Glauben fand, habe ich in vielen katholisch-charismatischen Gottesdiensten Lobpreislieder an liturgisch passenden Stellen gesungen. 1997 habe ich eine eigene »Messe« geschrieben und mit der Immanuel Lobpreiswerkstatt unter dem Titel »Bis du kommst – Lieder zum Gottesdienst« auf CD und Noten veröffentlicht. All das ist mir seit der Kindheit sehr vertraut und ein Teil meines Glaubens, meiner Beziehung zu Gott geworden. Natürlich habe ich auch unter der Starrheit der Liturgie gelitten, habe vieles lange nicht verstanden und das Feiern der Liturgie oft als geistlose Pflichterfüllung erlebt.

In den letzten Jahren, die ich überwiegend in der evangelischen Welt zubrachte, spielte das zunächst keine große Rolle mehr, aber es gab immer wieder Anknüpfungspunkte – etwa beim Erleben der (ähnlichen) Liturgie in evangelischen Klöstern oder in Landeskirchen, die noch die alte (lutherische) Messliturgie pflegen. Ich entdeckte, dass evangelisch und freikirchlich geprägte Christen auf der Suche nach Tiefgang durchaus Interesse an den alten Texten und an wiederkehrenden Ritualen haben. Und dass es auch Katholiken hilft, wenn jemand die altvertrauten Texte neu interpretiert und einen persönlichen Zugang schafft.

Der Anspruch der »Lobpreisspiritualität« – immer neu, spontan und geistgeleitet zu Gott zu beten und zu singen – hat viele ermüdet und oft zu einer neuen, flachen »Lobpreisliturgie« geführt, die die in Jahrhunderten gewachsene Läuterung und Ausgewogenheit der alten Texte schmerzlich vermissen lässt.

> Evangelisch und freikirchlich geprägte Christen auf der Suche nach Tiefgang haben durchaus Interesse an alten Texten und wiederkehrenden Ritualen. Und auch Katholiken hilft es, wenn jemand die altvertrauten Texte neu interpretiert.

Die Postmoderne sucht nach alten Schätzen, will sie aber neu und freier erleben. Nun, vielleicht ist das ja tatsächlich ein guter Ansatz, um unserem Gebetsleben und unseren Gottesdiensten neue Impulse zu geben.

Liturgische Elemente fließen schon seit langem in den gemeinsamen Musikdienst mit meiner Frau Andrea ein. Sie hat sie sich als liturgisch nicht Vorbelastete – wie sie im Vorwort schreibt – zu Herzen genommen und zu eigen gemacht. Und ich habe von ihr viel über Freiheit und Echtheit gelernt.

Aber in letzter Zeit hat sich mein Interesse an liturgischen Gebeten und Liedern noch verstärkt. Ich nahm sie in meiner persönlichen Gebetszeit wieder mehr in den Blick und brachte sie in Lobpreiszeiten und freien Gottesdiensten, auf CDs und Konzerten ein.

Als die Kommission zum Liederbuch »Feiert Jesus! 4« (SCM-Hänssler-Verlag) nach Kategorien für eine inhaltliche Sortierung der Lieder suchte, habe ich zusammen mit Klaus Göttler eine Anlehnung an die Messliturgie vorgeschlagen, die jetzt eine wunderbare Brücke zwischen alt und neu baut (siehe Anhang).

Das alles fließt nun ein in das Projekt »Im Namen des Vaters«, das auch die gleichnamige CD (Gerth Medien) umfasst, die ich zusammen mit Andrea aufgenommen habe.

Wir wollen die liturgischen Gebete noch einmal ganz bewusst in den Fokus nehmen und für andere erschließen. Dafür habe ich neue Lieder, eine neue »Messe« geschrieben. Einige ältere Lieder, die auch in einen liturgischen oder gottesdienstlichen Rahmen passen, haben wir dafür neu bearbeitet.

Dieses Buch entstand aus einer Artikelreihe in der Zeitschrift »Aufatmen«. Ich stelle darin einige liturgische Gebete vor und zeige dazu meine persönlichen Erfahrungen und Anwendungsmöglichkeiten auf. Ich beginne mit den sogenannten Ordinarien, die in jeder Messe immer gleich sind und von der Gemeinde gemeinsam (oder abwechselnd mit Vorbeter) gesprochen oder gesungen werden, danach folgen noch ein paar weitere, wichtige liturgische Gebete.

Legen Sie jeweils am Anfang eines Kapitels, wo der liturgische Text abgedruckt ist, das

Lesebändchen ein. Auf diese Weise können Sie schnell zurückspringen, wenn auf einzelne Worte oder Zeilen bezug genommen wird.

***Messe**: Grundform des katholischen Gottesdienstes aus Wortgottesdienst und Eucharistiefeier (Abendmahl) mit Gebeten und Liedern, die sich schon ab dem 2. Jahrhundert entwickelt hat. Der Ablauf ist von Augustinus überliefert. Luther hat in seiner »Deutschen Messe« die Grundform beibehalten.*

*Als **Ordinarium** (lat. »das Regelmäßige, stets Wiederkehrende«) werden die in jedem Gottesdienst gleichbleibenden Elemente bezeichnet, im Unterschied zum Proprium, das die mit dem Kirchenjahr wechselnden Stücke umfasst. Aus dem Ordinarium haben für die liturgisch-kirchenmusikalische Praxis die fünf feststehenden Teile Kyrie, Gloria, Credo, Sanctus und Agnus Dei eine besondere Bedeutung erlangt. Sie wurden schon früh mehrfach vertont. (Wikipedia)*

Kyrie

Kyrie eleison	Herr, erbarme dich
Christe eleison	Christus, erbarme dich
Kyrie eleison	Herr, erbarme dich

»***Kýrie, eléison***« *(griech. κύριε ἐλέησον, »Herr, erbarme dich«) war in vorchristlicher Zeit ein gebräuchlicher Huldigungsruf für Götter und Herrscher. Die Juden der griechischsprachigen Diaspora hatten den Kyrios-Titel auf den Gott Israels bezogen (als Übersetzung für »adonaj«, vergleiche JHWH), im frühen Christentum wurde er zur zentralen Hoheitsbezeichnung Jesu. (Wikipedia)*

Das Kyrie gehört zur inneren Vorbereitung im Gottesdienst, zur Klärung und Reinigung. Aber ist denn so etwas überhaupt notwendig im neuen Bund? Haben wir nicht direkten Zugang zum Thron Gottes? Ich bin fast versucht zu sagen, es ist theologisch nicht (immer) notwendig, psychologisch aber wohl sehr oft! Mir geht es so, dass ich selbst nach all den Jahren meines Christseins immer noch oft einen Widerstand in mir spüre, Gott zu begegnen, ihn zu loben. Es ist der Adam in mir, der sich aufgrund von Schuld- und Schamgefühlen lieber versteckt. Verstecken kann man sich auf zweierlei Weise: Zunächst, indem man die Begegnung, die Stille, den Gottesdienst meidet. Dann aber auch, indem man das Innere abkoppelt und nur äußerlich – mit meiner Anwesenheit, mit meinem Mund, vielleicht auch mit Willen und Verstand – betet. Das Herz aber ist bekanntlich trotzig und verzagt (Jeremia 17,9). Und es mag keine Unehrlichkeit. Hier hilft mir das Kyrie ungemein.

Wer ist Gott, wer bin ich?

Das Kyrie stellt klar, wer Gott ist – und wer ich bin. Er ist der Herr, der wahre Herrscher (Kyrios). Im Kyrie geht es ursprünglich gar nicht so sehr um unsere Sünde, es wird einfach der Herrscher angerufen. Er ist der Allmächtige, er hat einen Anspruch auf unser Leben. Dann »Christus« – das ist der Messias, der Erlöser. Durch ihn können wir überhaupt vor den Kyrios treten.

Und wer bin ich? Einer, der auf Erbarmen angewiesen ist. Ein Armer, ein Sünder, ein Unvollkommener. Macht mich das nicht zu klein, bringt mich das nicht unter Druck? Nein, es befreit, weil es wahr ist. Er ist Gott – ich bin es nicht! Er ist vollkommen – ich bin es nicht.

Jesus erzählt die Geschichte von den zwei Männern, die im Tempel beten (Lukas 18,9-14). Der sich selbst (über andere) erhöht, wird nicht gerechtfertigt. Der reuige Sünder dagegen schon – und er spricht dieses kleine und doch so gewaltige Gebet, das wohl für das Kyrie Pate gestanden hat: »Gott, sei mir Sünder gnädig!« (Lukas 18,13b). Ich habe es so auch einmal von dem amerikanischen Pastor und Autor Gordon MacDonald zu Beginn einer Predigt gehört – es blieb mir mehr hängen als die gesamten Worte danach!

Wir alle brauchen Gnade und Erbarmen. Es ist gut, das regelmäßig festzustellen.

Wir alle brauchen Gnade und Erbarmen. Es ist gut, das regelmäßig festzustellen. Und dann reinigt und erhebt uns Gott. Wir sind nicht nur Sünder, sondern auch Heilige, Geheiligte – in einer oft verwirrenden Gleichzeitigkeit. Wer mit »Sünder« nur die Zeit vor der Bekehrung oder einen »Rückfall« beschreibt, der lebt an der Realität vorbei. »Wenn wir sagen, dass wir keine Sünde haben, betrügen wir uns selbst« (1. Johannes 1,8). Aber dann kommt Vers 9: »Wenn wir unsere Sünden bekennen, ist er treu und gerecht; er vergibt uns die Sünden und reinigt uns von allem Unrecht.« Genau dazu hilft das Kyrie. Wir brauchen diese Reinigung regelmäßig – wie die Dusche für den Körper.

Manchmal spüre ich, dass Christen, die dieses regelmäßige Sündenbekenntnis nicht kennen, solche Gedanken als niederdrückend empfinden. Ein solches Bekenntnis ist für sie mit einer großen Hürde verbunden. Vielleicht denken manche, es müsse erst eine besonders schlimme Sünde passiert sein, damit ein Bekenntnis notwendig ist. Aber die Bibel stellt klar, dass es nicht viel Sinn macht, große und kleine Sünden zu unterscheiden und aufzurechnen. Auch wenn wir die zehn Gebote im Großen und Ganzen einhalten, verfehlen wir täglich das Ziel, Gott und die Menschen zu lieben. Wem das noch zu unkonkret ist, dem empfehle ich, mal einen der »Gewissensspiegel« im katholischen Gesangbuch »Gotteslob« zu lesen (oder im Internet zu suchen)! Ich garantiere jedem, der sich keiner Sünde bewusst war, dass er danach eine schöne Liste beisammen hat!

> Ich beginne oft meine Stille Zeit mit dem Kyrie. Danach bin ich irgendwie »da«, bereit – zumindest mehr als vorher.

Im liturgischen »allgemeinen Schuldbekenntnis«, das meist vor dem Kyrie gebetet wird, heißt es: »Ich bekenne, dass ich Gutes unterlassen und Böses getan habe. Ich habe gesündigt, in Gedanken, Worten und Werken.« So richtig Böses tun wir doch selten, oder? Aber Gutes unterlassen?

Und wodurch haben wir gesündigt? Werke: klar, Worte: schon schwieriger, aber Gedanken: Wer kann da noch gerettet werden? – möchte man mit den Jüngern ausrufen! Genau: niemand! Es sei denn durch Jesu Tod und Auferstehung. Was bei den Menschen unmöglich ist, ist bei Gott möglich (Lukas 18,27)!

Es liegt eine gewisse Freiheit darin, regelmäßig festzustellen, dass ich ein Sünder bin.

Warum dreimal?

Das Kyrie ist ein meditatives Gebet. Es hat sehr wenig Text und dieser wiederholt sich auch noch. Es ist kein Gebet für den Verstand, sondern eines, das uns in tieferen Schichten erfassen will. In der Grundform für das gemeinsame Beten wird jede Zeile von einem vorgebetet und von allen wiederholt. Oft werden dazwischen Texte oder Gebete gelesen oder einfach Stille gelassen, damit klar wird, wofür wir genau das Erbarmen Gottes erbitten. Viele Vertonungen erhöhen noch die Anzahl der Wiederholungen, meist sind sie langsam und ruhig. Das »Kyrie eleison« wird zu einem Strom, einem Fluss, auf den wir unsere eigenen Schiffchen setzen können.

Das »Kyrie eleison« wird zu einem Strom, einem Fluss, auf den wir unsere eigenen Schiffchen setzen können.

Warum dreimal? »Dreimal« heißt vertieft, über drei Stufen, vollkommen. Im Himmel wird das dreifache »Heilig« gesungen, Petrus wird dreimal gefragt, ob er Jesus liebt. In Märchen gibt es drei Wünsche und aller guten Dinge sind …

Beim ersten Mal sagen wir es, beim zweiten Mal wollen wir es – und beim dritten Mal glauben wir es. Kopf, Herz und Bauch – die moderne Dreiteilung des Menschen ist durchaus auch zutreffend!

Noch eine Deutung: Die erste Bitte geht an Gott, den Vater, den Allmächtigen, der einfach Herr ist durch die Schöpfungsrealität. Die zweite an Christus, dessen Erlösung wir dankbar annehmen. Die dritte an den Heiligen Geist, der auch Herr ist – nun aber freiwillig gewählt. Er steht für das neue Leben als Erlöste.

Ich und wir alle stehen in der ständigen Gefahr, unsere dunklen Seiten vor Gott und anderen zu verbergen. Dazu kann ich nur sagen: Herr, erbarme dich!

Anwendung und Praxis

Ich beginne oft meine Stille Zeit mit dem Kyrie, indem ich es laut und langsam bete und dazwischen die Bereiche nenne, für die ich Gottes Erbarmen erbitte. Danach bin ich irgendwie »da«, bereit – zumindest mehr als vorher.

In Lobpreiszeiten ist es für Andrea und mich fast zum Prinzip geworden: Vor dem Gloria kommt das Kyrie! Bevor wir Gott loben, muss unsere Beziehung zu ihm geklärt sein, und wir müssen unsere Dunkelheit ins Licht bringen. Wir spielen selten ein klassisches Kyrie, aber oft Lieder, die uns in diesem Sinne vorbereiten, die uns erlauben, als Ganze zu kommen.

Ich und wir alle stehen in der ständigen Gefahr, unsere dunklen Seiten vor Gott und anderen zu verbergen, abzuspalten und damit zu verschlimmern; das fromme Theater zu spielen, während es in uns gärt. Dazu kann ich nur sagen: Herr, erbarme dich!

Liedvorschläge

- *Kyrie aus der gregorianischen »Missa de Angelis«, zeitlos schön*
  (auf CD »Für den König«)
- *Herr, erbarme dich (abgeirrt)*
  (A. Frey, auf CD »Im Namen des Vaters«
- *Herr, erbarme dich*
  (A. Frey, auf CD »Bis du kommst«)
- *Herr, erbarme dich*
  (P. Natterer/L. Peter, auf CD »Feiert Jesus! 16«)
- *Wir suchen deine Nähe (Kyrie)*
  (C. Zehendner)
- *An einem Kreuz (Kyrie eleison)*
  (A. Kopfermann)
- *Herr, sei gnädig (Lord have mercy, bekannt durch M.W. Smith)*
  (auf CD »Feiert Jesus! 13«)
- *Herr ich komme zu dir, Du hast Erbarmen, Wo ich auch stehe, Gnade und Wahrheit*
  (alle A. Frey)
- *Ich treffe dich am Kreuz*
  (A. Frey, auf CD »Zuerst geliebt«)

Gloria

Gloria in excelsis Deo
et in terra pax hominibus bonae voluntatis.
Laudamus te,
benedicimus te,
adoramus te,
glorificamus te,
gratias agimus tibi
propter magnam gloriam tuam,
Domine Deus, Rex caelestis,
Deus Pater omnipotens,
Domine Fili unigenite, Jesu Christe,
Domine Deus, Agnus Dei,
Filius Patris,
qui tollis peccata mundi,
miserere nobis;
qui tollis peccata mundi,
suscipe deprecationem nostram.
Qui sedes ad dexteram Patris,
miserere nobis.
Quoniam tu solus Sanctus,
tu solus Dominus,
tu solus Altissimus, Jesu Christe,
cum Sancto Spiritu:
in gloria Dei Patris. Amen.

Ehre sei Gott in der Höhe
und Friede auf Erden den Menschen seiner Gnade.
Wir loben Dich,
wir preisen Dich,
wir beten Dich an,
wir rühmen Dich
und danken Dir,
denn groß ist Deine Herrlichkeit:
Herr und Gott, König des Himmels,
Gott und Vater, Herrscher über das All,
Herr, eingeborener Sohn, Jesus Christus.
Herr und Gott, Lamm Gottes,
Sohn des Vaters,
Du nimmst hinweg die Sünde der Welt:
erbarme Dich unser.
Du nimmst hinweg die Sünde der Welt:
nimm an unser Gebet.
Du sitzest zur Rechten des Vaters:
erbarme Dich unser.
Denn Du allein bist der Heilige,
Du allein der Herr,
Du allein der Höchste, Jesus Christus,
mit dem Heiligen Geist,
zur Ehre Gottes des Vaters. Amen.

Das Gloria ist der große Lobpreis der Liturgie. Er folgt unmittelbar auf das Kyrie. Auch hier liegen natürlich biblische Texte und Grundaussagen zugrunde. Es beginnt mit Lukas 2,14, dem Lied der Engel bei den Hirten auf dem Feld.

Das Neue Testament enthält nicht so viele hymnische Texte und Lieder wie das Alte. Umso mehr Bedeutung kommt ihnen zu. Wenn der Text dann noch direkt aus einem der Evangelien stammt und einen Einblick in die himmlische Welt gestattet, kann er gar nicht wichtig genug genommen werden.

Das Lied der Engel

Leider ist die Szene mit so viel Weihnachtskitsch umwölkt, dass wir sie erstmal davon befreien müssen. Gott lässt sein Erlösungswerk auf freiem Feld einer Gruppe einfacher Hirten ankündigen – Leute, die damals vor Gericht nicht als Zeugen zugelassen waren, übrigens ebenso wie die Frauen, die die ersten Zeugen der Auferstehung waren. Der Himmel geht auf, man sieht und hört die Engel, die Heerscharen (also eine Armee und nicht nur die süßen kleinen mit den Flügelchen …) – und es bleibt kein Beweis. Kein Bild, keine Aufnahme, nicht einmal eine rechtlich gültige Zeugenaussage. Typisch Gott. Du musst es glauben wie ein Kind. Und um ein Kind geht es dann ja auch.

Folgende Szene ist aus meiner Kindheit von einem Gottesdienstbesuch in der barocken Basilika in Weingarten überliefert: Klein Albert: »Du Oma?« Oma: »Psst, du sollst doch nicht in der Kirche sprechen!« Klein Albert (flüstert): »Da sind aber an der Decke oben mehr Menschen als in den Bänken unten.«

Kinderaugen sehen mehr – nicht nur die Engel und biblischen Figuren auf den barocken Deckengemälden. Da oben sind tatsächlich mehr, die Gott schon loben. Wir wenigen da unten stimmen nur mit ein. Und was singen die Engel?

Gloria und Pax

Ehre sei Gott. Ich beneide die Engländer und viele andere Sprachkulturen um dieses Wort Gloria, »Glory«, das das griechische Original »Doxa« gut wiedergibt. Im Deutschen wird es wahlweise mit Ehre oder Herrlichkeit übersetzt. Beides trifft es nicht ganz oder nur zusammen gesehen: Herrlichkeit ist das, was Gott hat. Ehre ist das, was ihm gebührt. Im Lateinischen braucht es auch kein Verb, kein »sei« – es ist nicht entscheidend, ob diese Ehre erkannt oder anerkannt wird, Gott hat sie aus sich selbst. Das ist seine Herrlichkeit, sein Wesen. Soweit das, was man von Religion erwartet: Gott wird verherrlicht.

Jetzt kommt aber das »et in terra«. Der Blick wandert von oben nach unten, von der Höhe in die Tiefe, von Gott zum Menschen. Wenn wir nur das Alte Testament als Quelle von Lobpreistexten nehmen, könnte dieses »et« (und), die Verbindung von Gott und Mensch, für die Jesus steht, zu kurz kommen. Die liturgischen Texte haben immer eine neutestamentliche Dimension. In ihnen klingt der alte Lobpreis Israels mit, aber auch die Erlösungstat und Erhöhung von Jesus als dem Lamm auf dem Thron, die erst auf den letzten Seiten der Bibel offenbar wird. Wir müssen die Bibel also sozusagen weiterdenken – oder von hinten nach vorne neu deuten.

Und was wünscht sich Gott für die Erde? Frieden. Frieden mit Gott, Frieden mit mir selbst, mit meinen Mitmenschen, unter den Völkern, mit der Natur – all das ist in »pax« enthalten. Ein gewaltiges Wort, das wie kein anderes ausdrückt, was Jesus bringt. Drei Buchstaben, um sie in Stein zu hauen. Es sei mir hier gestattet, das Latein zu genießen – es hilft einfach, die zeitlose und universelle Bedeutung der biblischen Botschaft zu unterstreichen. Das wirft auch ein neues Licht auf »gloria«. Die Herrlichkeit Gottes ist nicht Prunk- und Machtdemonstration, sondern nach Johannes 1,14 die »Herrlichkeit des eingeborenen Sohnes, voller Gnade und Wahrheit«.

»Gloria« und »pax« haben einen Zusammenhang. Wenn wir Gott die Ehre geben, wächst Frieden statt Götzendienst, Stolz und Konkurrenzdenken. Das »et« verbindet Lobpreis und Diakonie, Gottes- und Nächstenliebe.

Doch wem gilt dieser Friede? Jetzt wird es schwieriger: hominibus bonae voluntatis. Luther übersetzt: den Menschen seines Wohlgefallens. In der Einheitsübersetzung steht: den Menschen seiner Gnade. Sind das alle Menschen oder nur die Erwählten oder nur die, die Gottes Gnade angenommen haben? Das Gloria löst uns diese große theologische Frage nicht. Aber für mich schwingt an dieser Stelle oft eine große Wehmut mit über alle Menschen, denen diese Gnade gilt – und die sie doch ablehnen.

Lobpreis – immer dasselbe?

Jetzt folgt ein wahrer Lobpreisbaukasten. Loben, preisen, Titel Gottes, Glaubensaussagen – typisch, das volle Programm. Ist das nicht einfallslos? Moderne Lobpreistexte wurden dafür kritisiert, dass sie sich mangels neuer oder eigener Ideen aus diesem Lobpreisbaukasten bedienen, manche zu Recht.

Ja, wir brauchen die hundertfünfundachtzigste Version von »Heilig, heilig, heilig«. Diese Worte sind groß genug, um sie immer wieder neu zu sagen und zu singen.

Aber wenn jemand die Tatsache an sich kritisiert, dass schon wieder ein neues »Würdig ist das Lamm« oder »Ehre sei Gott« geschrieben wurde, dann offenbart er, dass er von Liturgie nicht viel versteht und – was schlimmer ist – dass er die Bedeutung solch markanter »liturgischer« Texte in der Bibel nicht erfasst. Nur so kann auch Lobpreis richtig verstanden werden. Ja, wir brauchen die hundertfünfundachtzigste Version von »Heilig, heilig, heilig«. Diese Worte sind groß genug, um sie immer wieder neu zu sagen und zu singen, sie durch andere Musik immer wieder in neuem Licht erstrahlen zu lassen.

Allerdings heißt das nicht, dass ein Lied automatisch gut ist, weil ihm eine wichtige Bibelstelle oder ein liturgischer Text zugrunde liegt. Einfallslosigkeit sollte nicht der Grund für die Verwendung liturgischer Texte sein, sondern das Bedürfnis nach Tiefgang und Allgemeingültigkeit. Diesen Unterschied spürt man einem neu geschriebenen Lied ab.

Hier haben wir es allerdings mit einem Text zu tun, der über mehrere Generationen gewachsen ist, geläutert wurde, auf allen Zeitbezug und alles Subjektive verzichtet. Wir sollten also genauer hinschauen. Die Verben »loben, preisen, danken ...« laden uns ein, grundsätzlich und in jeder Situation Gott diese Ehre zu geben. Es heißt nicht »ich will«. Es geht nicht um die Umstände. Es wird nicht erklärt, wozu. Wir tun es einfach. Und das tut auch uns gut!

Vater und Sohn

Dann wird zwischen Vater und Sohn unterschieden. Beide sind »Herr und Gott«. Der Allmächtige wird »Vater« genannt – das überlesen wir gerne. Es ist aber wichtig für das neutestamentliche

Gottesbild. Jesus ist erst der eingeborene Sohn, dann Lamm Gottes, das die Sünde auf sich nimmt, und schließlich der auf dem Thron – eine Kurzform der Erlösungsgeschichte und damit mehr als die bloße Verehrung des Mächtigen. Es ist ein Lobpreis des Gottes, der sich entäußert hat, für uns Mensch wurde und starb. Die Höhe und die Tiefe – das Gloria umfasst beides.

Noch eine kleine Bemerkung zum Thema Vater und Sohn: Bei unseren freien Gebeten kommt das ja schon mal durcheinander. Da wird dem Vater gedankt, dass er für uns gestorben ist, oder wenn wir zum Vater beten, rutscht floskelhaft ein »Jesus« dazwischen – und umgekehrt. Nun, ich bin sicher, die beiden können das aussortieren, und sie können sich wohl manchmal dabei ein Schmunzeln nicht verkneifen. Uns Lobpreisleitern, Lobpreisleiterinnen und Songwritern möchte ich allerdings schon raten, dass wir sauber bei der Liedauswahl oder bei unseren Gebeten unterscheiden. Mal ist mehr der Vater im Blick, sei es in seiner Allmacht oder seiner Liebe, mal mehr Jesus. Der führt uns zum Vater, vielleicht auch mal umgekehrt. Aber diese Beziehung Gottes in sich selbst ist bedeutungsvoll.

Es ist ein Lobpreis des Gottes, der sich entäußert hat, für uns Mensch wurde und starb. Die Höhe und die Tiefe – das Gloria umfasst beides.

Jetzt kommt der Schlussteil: Tu solus – Du allein. Das schuldlose, friedliche Lamm allein ist würdig. Diese Aussage klingt durch die Geschichte. Sie wurde unter den römischen Gott-Kaisern gesungen, unter anmaßenden Königen und Päpsten im Mittelalter, unter Napoleon, Stalin und Hitler. Tu solus altissimus, du allein bist der Höchste! Das ist auch eine politische Aussage, die alle andere Macht relativiert und beurteilt.

Am Ende wird Gott in seiner Dreieinigkeit angesprochen: Cum Sancto Spiritu. Das ist auch eine Erinnerung an uns, dass wir den Heiligen Geist nicht vergessen. Ohne den bleibt das Gloria und seine Aussagen ein verstaubtes altes Gebet, das nichts mit unserem Alltag zu tun hat. Wir müssen uns die Mühe machen, tiefer hinzuhören, und gleichzeitig leer werden und eigene Vorstellungen loslassen, damit das Gloria uns mitnehmen kann zu den Hirten, zu den Engeln und vor den Thron Gottes.

Ohne den Heiligen Geist bleibt das Gloria und seine Aussagen ein verstaubtes altes Gebet, das nichts mit unserem Alltag zu tun hat.

Klingt nach G-Dur

Vertont wurde das Gloria meist freudig, schnell, kraftvoll, mit einer lyrischen sanften Note an den Stellen, wo es um Gottes Gnade und Herabneigung zu den Menschen durch den Sohn geht. Es ist das Vorbild für modernen Worship. Es passt zu jubilierenden Streichern und Chören ebenso wie zu treibenden Rhythmen und kraftvollen Gitarren. Ich kann mir klassische Andächtigkeit, aber auch erhobene Hände und Jubelrufe vorstellen. Und: Für mich klingt es einfach irgendwie nach G-Dur!

In vielen Vertonungen werden nur die ersten Zeilen verwendet, das Zitat aus Lukas 2,14: Ehre sei Gott in der Höhe, Gloria in excelsis Deo – das ist wie ein Motto, ein Wahlspruch. Wir brauchen solche markanten, gut erinnerbaren Aussagen.

In einem meiner neuen Lieder (»Er kommt«) habe ich auch bewusst den ersten Teil des Gloria als Chorus gewählt, auch wenn es in den Versen um das Kommen Gottes geht.

Anwendung

In der liturgischen Anwendung finde ich es wichtig, dass vor allem der erste Teil zu erkennen ist. Grundsätzlich passt jedes Lobpreislied, aber es sollte nicht zu subjektiv und persönlich sein, sondern sich auf Gott konzentrieren. Besser wir als ich. Es gibt bei Gott Zeit und Raum für unsere persönliche Befindlichkeit – aber nicht beim Gloria. Da stehen wir einfach staunend mit allen Menschen seiner Gnade und allen Engeln vor dem Thron und geben ihm die Ehre.

Beim Gloria stehen wir einfach staunend mit allen Menschen seiner Gnade und allen Engeln vor dem Thron und geben ihm die Ehre.

Wenn es in einem Gottesdienst genügend Raum gibt, zum Beispiel bei einem Segnungsgottesdienst, rege ich an, dass wir das Gloria zu einer kleinen »Lobpreiszeit« ausbauen: mit zwei bis drei Liedern, die sich alle im Geiste des Gloria auf den Lobpreis Gottes konzentrieren, und mit freien Gebeten dazwischen.

So haben wir das Beste aus beiden Welten: die Form und Vielfalt der Messliturgie, aber auch die Intensität und Freiheit der modernen »Lobpreis-Spiritualität«.

Für freie Lobpreiszeiten leite ich drei Anregungen aus dem Gloria ab:

1. Auf Gott selbst konzentrieren! Nicht immer, aber immer wieder: objektiver Lobpreis.
2. Hohes und Tiefes, Himmel und Erde verbinden – das Geheimnis der Herabneigung Gottes feiern.
3. Besonders in der Weihnachtszeit das Gloria singen – und damit in den Lobpreis der Engel bei den Hirten einstimmen.

Liedvorschläge

- *Ehre*
  (A. Frey, auf CD »Im Namen des Vaters« und »Feiert Jesus! 17«)
- *Ehre sei Gott*
  (A. Frey, auf CD »Bis du kommst«)
- *Er kommt*
  (A. Frey, auf CD »Urklang«)
- *Gloria*
  (M. Watta, auf CD »Gloria« und »Feiert Jesus! 16«)
- *Groß ist unser Gott*
  (L. Kosse)
- *Hosanna (deutsch oder englisch), Glory*
  (beides Vineyard Klassiker)
- *Glory in the Highest*
  (C. Tomlin)
- *Dir gebührt die Ehre*
- *Lord I lift your name/Herr, dein Name sei erhöht*
- *Alles was atmet*
  (A. Frey, auf CD »Für den König«)
- *Lobe den Herrn meine Seele*
  (A. Frey/A. Adams-Frey, auf CD »Das lila Album«)
- *Lobe den Herren*
  (J. Neander, auf CD »Feiert Jesus! 15«)

Credo

Credo in Deum,
Patrem omnipotentem,
Creatorem caeli et terrae.
Et in Iesum Christum,

Filium eius unicum, Dominum nostrum:
qui conceptus est de Spiritu Sancto,
natus ex Maria Virgine,
passus sub Pontio Pilato,
crucifixus, mortuus, et sepultus,
descendit ad inferos:
tertia die resurrexit a mortuis;
ascendit ad caelos;
sedet ad dexteram Dei Patris omnipotentis:
inde venturus est
iudicare vivos et mortuos.

Credo in Spiritum Sanctum,
sanctam Ecclesiam catholicam,
Sanctorum communionem,
remissionem peccatorum,
carnis resurrectionem,
vitam aeternam.
Amen.

Ich glaube an Gott,
den Vater, den Allmächtigen,
den Schöpfer des Himmels und der Erde.
Und an Jesus Christus,

seinen eingeborenen Sohn, unsern Herrn,
empfangen durch den Heiligen Geist,
geboren von der Jungfrau Maria,
gelitten unter Pontius Pilatus,
gekreuzigt, gestorben und begraben,
hinabgestiegen in das Reich des Todes,
am dritten Tage auferstanden von den Toten,
aufgefahren in den Himmel;
er sitzt zur Rechten Gottes, des allmächtigen Vaters;
von dort wird er kommen,
zu richten die Lebenden und die Toten.

Ich glaube an den Heiligen Geist,
die heilige christliche (katholische) Kirche,
Gemeinschaft der Heiligen,
Vergebung der Sünden,
Auferstehung der Toten
und das ewige Leben.
Amen.

Das Apostolische Glaubensbekenntnis (Credo) hat wie alle liturgischen Gebete sehr alte Wurzeln. Es ist eine überarbeitete Fassung des Altrömischen Glaubensbekenntnisses (Romanum), das vermutlich im frühen 2. Jahrhundert entstand – also nur ein bis zwei Generationen nach den Aposteln.

Das Credo ist eine Zusammenfassung der wichtigsten Glaubensaussagen der Heiligen Schrift. In 1. Korinther 15,1-4 finden wir nicht nur eine Kurzform, die Paulus wohl auch liturgisch verwendet hat, sondern auch seine Begründung, warum wir so etwas brauchen: »Ich erinnere euch aber, liebe Brüder, an das Evangelium, das ich euch verkündigt habe, das ihr auch angenommen habt, in dem ihr auch fest steht, durch das ihr auch selig werdet, wenn ihr's festhaltet in der Gestalt, in der ich es euch verkündigt habe; es sei denn, dass ihr umsonst gläubig geworden wärt. Denn als Erstes habe ich euch weitergegeben, was ich auch empfangen habe: Dass Christus gestorben ist für unsre Sünden nach der Schrift; und dass er begraben worden ist; und dass er auferstanden ist am dritten Tage nach der Schrift.« Es geht also um Verkündigen, Festhalten und Weitergeben. Wir vergewissern uns selbst und einander unseres Glaubens.

> Das Credo ist eine Zusammenfassung der wichtigsten Glaubensausagen der Heiligen Schrift. Wir vergewissern uns selbst und einander unseres Glaubens.

Aber passt so etwas noch in unsere Zeit – ein starres Glaubenssystem, das die »Rechtgläubigkeit« sicherstellen will? Die Christenheit hat über viele Jahrhunderte daran gelitten, dass dogmatische Glaubensaussagen wichtiger wurden als ihr Sinn, als das Leben als Nachfolger Jesu, ja als der lebendige Gott selbst. Es gab Spaltungen, Kriege wurden geführt. Manchem Zeitgenossen erschließt sich nicht mehr, warum es wichtig sein soll, ob Maria Jungfrau war, oder was genau nach Jesu Tod geschah, oder warum wir auch noch an den Heiligen Geist glauben sollen.

Nun könnten wir in die Klage über den Zeitgeist der Beliebigkeit einstimmen. Ja, die Frage nach Wahrheit ist wichtiger als die Frage, was mir das bringt. Ja, wir brauchen die Verankerung in der Bibel, damit nicht jeder den Glauben zusammenbastelt, der ihm gerade passt. Aber unsere Zeit lehrt uns auch erschreckend, dass ein Lippenbekenntnis ohne Herzensglauben wertlos, ja gefährlich ist. Und dass Rechtgläubigkeit im Sinne von »die richtigen Überzeugungen haben« noch lange nicht heißt, dass wir aus dem Geist und der Liebe Jesu leben. Was also soll so ein im Konfirmandenunterricht auswendig gelerntes Gebet bringen, das man nie verstanden und nur routinemäßig aufgesagt hat?

Vielleicht war es in früheren Zeiten einfach nicht denkbar, dass innen und außen, Wort und Tat so weit auseinander liegen können, wie wir es heute erleben. Wir haben jedenfalls die Aufgabe, unseren Glauben mit unserem Leben in Übereinstimmung zu bringen. Das meint wohl auch Paulus mit »von Herzen glauben« in Römer 10,10: »Denn wenn man von Herzen glaubt, so wird man gerecht; und wenn man mit dem Munde bekennt, so wird man gerettet.«

Warum aber ist das Bekenntnis so wichtig?

Den Glauben bekennen und schützen

Die Bibel (Matthäus 10,32) sagt es klar: »Wer nun mich bekennt vor den Menschen, den will ich auch bekennen vor meinem himmlischen Vater.«

Ich empfinde das Sprechen des Glaubensbekenntnisses als eine reinigende Kraft. Ich komme damit zurück zu meinen Grundüberzeugungen. Ich reihe mich ein in die lange Reihe der Nachfolger Jesu seit den Aposteln, die dasselbe geglaubt haben. Das erscheint mir glaubwürdiger als das, was ich persönlich gerade einleuchtend finde. Und es tut gut, den Glauben mit anderen zusammen zu bekennen. Es einigt uns, es macht uns stark. Trotzdem heißt es interessanterweise nicht »Wir glauben«, sondern »Ich glaube«. Auch durch die vielen Jahrhunderte des kollektiv verstandenen Glaubens klingt im Credo die Frage nach dem persönlichen Glauben des Einzelnen durch, die Jesus so wichtig ist.

Ich reihe mich ein in die lange Reihe der Nachfolger Jesu seit den Aposteln, die dasselbe geglaubt haben. Das erscheint mir glaubwürdiger als das, was ich persönlich gerade einleuchtend finde.

1. Johannes 4,15: »Wer nun bekennt, dass Jesus Gottes Sohn ist, in dem bleibt Gott und er in Gott.« Immer wieder sagen äußere und innere

Stimmen: Ist das denn so wichtig, dass all diese Wunder genau so stattgefunden haben, wie die Bibel sie schildert? Die Hauptsache ist doch der tiefere Sinn dahinter, oder?

Nehmen wir zum Beispiel »Empfangen durch den Heiligen Geist, geboren von der Jungfrau Maria« – das heißt, dass Jesus wirklich Gottes Sohn ist und nicht von Josef gezeugt wurde und sich dann irgendwie besonders »göttlich« entwickelt hat! Und es heißt andererseits, dass Jesus, der Menschensohn, ein »echter« Mensch ist, der hilflos aus Maria herauskam und nicht würdevoll vom Himmel herabschwebte. Im sogenannten Großen Glaubensbekenntnis heißt es ausführlicher: wahrer Mensch und wahrer Gott.

Beides ist enorm wichtig: Wenn wir nicht glauben, dass Jesus wirklich Gott ist, haben wir nur eine steile Ethik, die sowieso keiner einhalten kann. Genau genommen müssten wir ihn als religiösen Spinner ablehnen, der sich grandios selbst überschätzt hat. Und wenn wir andererseits nicht glauben, dass er wirklich Mensch ist, dann gibt es keine Inkarnation, keine Fleischwerdung, keine Erlösung – keine Verbindung von Himmel und Erde, sondern nur einen Gott, dessen Forderungen wir ebenso wenig erfüllen können.

Der Kampf gegen den Irrglauben ist von existenzieller Bedeutung. All die Sünden der Inquisition (und all die Sünden ihrer verzerrten Darstellung) sollten uns nicht davon abhalten. Wir müssen also unseren Glauben schützen, vor dem Zeitgeist und vor unseren eigenen Zweifeln. Denn er garantiert uns die Fülle von Gottes Heilszusagen.

Geistlicher Kampf und Einheit

1. Johannes 4,2: »Daran sollt ihr den Geist Gottes erkennen: Ein jeder Geist, der bekennt, dass Jesus Christus in das Fleisch gekommen ist, der ist von Gott.« Wir haben ja schon gesehen, warum die Fleischwerdung so wichtig ist. Johannes geht aber noch weiter: Hier scheiden sich die Geister! Atheisten (die sagen: es gibt keinen Gott) oder Agnostiker (die sagen: man kann es nicht wissen) stehen unserem Glauben skeptisch gegenüber. Gefährlicher aber ist die Religion, die knapp am Ziel vorbeigeht. Und Johannes meint damit nicht nur Weltanschauung, sondern dahinterstehende geistliche Mächte.

> Wir sprechen die Wahrheit über Gott gegen alle Lügen aus. Wir bitten nicht, wir danken auch nicht, sondern wir stellen fest, wir rufen aus! So etwas hat Autorität, wenn wir als Person dahinter stehen.

Ich empfinde das Glaubensbekenntnis deswegen auch als eine Form geistlicher Kampfführung. Wir sprechen die Wahrheit über Gott gegen alle Lügen aus. Das hat Auswirkungen in der sichtbaren und unsichtbaren Welt. Manche nennen das Proklamation. Ob charismatisch frei oder kirchlich liturgisch – es ist eine kraftvolle und wichtige Form des Gebets. Wir bitten nicht, wir danken auch nicht, sondern wir stellen fest, wir rufen aus! So etwas hat Autorität, wenn wir als Person dahinterstehen.

Das Apostolische Glaubensbekenntnis wird in der katholischen und evangelischen Kirche verwendet. Die Freikirchen verwenden es selten, die Ostkirchen eher das Nicänische, aber beide würden den Inhalten problemlos zustimmen. Es ist ein Gebet der Einheit, das unseren Blick auf das lenkt, was wir gemeinsam glauben, nicht auf das, was uns trennt.

> Es ist ein Gebet der Einheit, das unseren Blick auf das lenkt, was wir gemeinsam glauben, nicht auf das, was uns trennt.

Umso tragischer, dass die Katholische und Evangelische Kirche sich bei der Übersetzung des Satzes »sanctam Ecclesiam catholicam« nicht einigen konnten. »Catholicam« heißt natürlich nicht die römisch-katholische im Gegensatz zu anderen Kirchen – der Text ist ja viel älter als die großen Kirchenspaltungen. Es heißt im Gegenteil die umfassende Kirche, also alle Gläubigen. Für unsere heutigen Ohren hört es sich aber so an, als sei der Vatikan gemeint. Das konnten die Katholiken wohl nicht loslassen – und die Evangelischen nicht akzeptieren.

Ich für meinen Teil halte es (ganz ketzerisch?) so: Wenn ich bei den Evangelischen bin, bete ich »christliche«, wenn ich bei den Katholiken bin »katholische« Kirche. Ich meine immer dasselbe, nämlich die eine Kirche, die uns vereint, wie ich es in meinem Credo »Ich glaube« getextet habe. Diese Wahrheit zieht sich unsichtbar durch alle Kirchen und darüber hinaus – unabhängig von Mitgliedschaft.

Es gibt eine hoffentlich große Schnittmenge dieser »sanctam Ecclesiam catholicam« mit den verfassten Kirchen, aber sie ist keinesfalls identisch mit ihrer Summe oder gar einer einzelnen. Und da darf man doch ein wenig stolz und heroisch werden: An diese Völkerschar aus allen Nationen und Farben und Ständen, die Gott in seiner Gnade herausgerufen und geheiligt hat, an die glaube ich!

Streiflichter

Wie bei allen vorgefertigten und liturgischen Gebeten ist mir nicht immer alles gleich wichtig. Ich spreche den ganzen Text, auch mal gerne für mich alleine in der Stillen Zeit, aber eine oder zwei Aussagen möchte ich beleuchten. Besonders spricht mich gerade an:

1. »Ich glaube an Gott, den Vater, den Allmächtigen« – mir ist das Komma nach »Vater« wichtig! Erstmal, um beim Vater zu verweilen. Das ist die erste Aussage über Gott: Er ist Vater! Er ist der Abba, den Jesus uns vorgestellt hat. Erst dann – und für uns unbegreiflich – ist er auch der Allmächtige. Viele Lobpreislieder feiern dieses Paradoxon: der Nahe und der Ferne, der Gnädige und der Heilige.

2. »Er sitzt zur Rechten Gottes, des allmächtigen Vaters« – was ist das nur mit diesem Platz zur Rechten Gottes, der immer wieder in der Bibel auftaucht? Der Ehrenplatz, der Platz des Thronfolgers.

Der Platz, den wir uns laut Jesus nicht selbst geben sollen und den viele doch so gerne hätten. Psalm 2 sagt prophetisch voraus, dass die Herrschaft dem Sohn gegeben wird. Stephanus wird gesteinigt, als er im Geist Jesus auf diesem Platz sieht. Jakobus und Johannes würden auch gerne möglichst in der Nähe sitzen – und am Ende sitzt dort das Unschuldslamm. Es geht um Ehre und Macht, Demut und Hingabe – im Kleinen wie im Großen.

Anwendung und Vertonung

Liturgisch gesehen kommt das Credo nach der Predigt, sozusagen als Antwort. Es sind natürlich viele freie Anwendungen denkbar, als eigenständiges Element oder in einer Lobpreiszeit als Bekenntnis, als kämpferische Proklamation. Wichtig ist vor allem, dass es gemeinsam gebetet oder gesungen wird.

Beim großen »Marsch für Jesus« in Berlin suchte die Programmkommission nach einem Glaubensbekenntnis, das man auf der Straße singen kann. Ich freue mich, dass sie sich für mein »Ich glaube« entschieden, aber ich bedauere, dass es so wenig einfache, singbare Alternativen gab. Auch taucht hier die Frage nach der künstlerischen Freiheit auf. Der Originaltext widersetzt sich jedem Versuch, ihn in ein Versmaß zu pressen. Was lasse ich weg, was ergänze ich? Worum ganze Konzile gerungen haben, sollte ein Textdichter nicht leichtfertig dem

Reimzwang opfern. Die Grundform enthält die sogenannten drei Artikel, also Aussagen über Vater, Sohn und Heiligen Geist. An die habe ich mich bei meiner neuesten Vertonung (»Lebensgrund«) gehalten und diese Aussagen in drei Verse gegossen, was dem Vater und dem Heiligen Geist mehr Raum gibt.

Aber auch die verkürzte Form aus dem Korintherbrief über Jesu Tod und Auferstehung hat etwas für sich.

Hier haben wir Nachholbedarf. Die Kirchenmusikgeschichte ist voller Credo-Vertonungen. Wir brauchen sie auch für unsere Zeit.

Liedvorschläge

- *Lebensgrund*
  (A. Frey, auf CD »Im Namen des Vaters«)
- *Ich glaube*
  (A. Frey, auf CD »Bis du kommst«)
- *Herrlicher Tag*
  (J.W. Chapman/M. Bleeker/M. Hall, auf CD »Feiert Jesus! 17«)
- *Wir glauben*
  (A. Kopfermann)
- *Du bist für uns gestorben*
  (M. Pepper)
- *I believe in Jesus*
  (Vineyard)

Sanctus

Sanctus, sanctus, sanctus
Dominus Deus Sabaoth.
Pleni sunt coeli et terra gloria tua.

Hosanna in excelsis.
Benedictus qui venit in nomine Domini.
Hosanna in excelsis.

Sanctus *(lat. »heilig«) ist das Anfangswort eines Messgesangs innerhalb der katholischen Liturgie, des »Heilig-Rufes«. Das Sanctus (in der Volkssprache) ist auch Teil der orthodoxen Liturgie und des lutherischen Abendmahlsgottesdienstes. Es gehört zum alten Bestand des christlichen Gottesdienstes und wird im vorderen Teil des eucharistischen Gebets – im lutherischen Gottesdienst unmittelbar vor den Einsetzungsworten – von allen Gläubigen, vom Chor oder im Wechsel gesungen. Komponisten aller Epochen haben es vertont.*

Der Wortlaut setzt sich zusammen aus dem zustimmenden Beifall der Engel in der Berufungsvision des Propheten Jesaja (6,3) sowie einem messianischen Begrüßungsruf aus Psalm 118,25f sowie Matthäus 21,9, der hier auf die eucharistische Gegenwart Christi bezogen wird (Quelle: Wikipedia).

Heilig, heilig, heilig
Gott, Herr aller Mächte und Gewalten.
Erfüllt sind Himmel und Erde von deiner Herrlichkeit.

Hosanna in der Höhe.
Hochgelobt sei, der da kommt im Namen des Herrn.
Hosanna in der Höhe.

Mich fasziniert das Alte. Alte Mauern, alte Geschichte(n), alte Texte und eben die Liturgie. Hat nicht das, was schon seit fast 2000 Jahren weitergetragen wird, mehr Bedeutung als das, was einer letzte Woche in Kalifornien erfunden hat? Ob dieses Neue wichtig ist, muss sich erst noch herausstellen. Wenn ja, dann ist es vermutlich eine Wiederentdeckung. Vielleicht war das Alte schon so tief verschüttet, dass unser kalifornischer »Erfinder« tatsächlich glaubt, er habe etwas Neues gefunden. Wie auch immer – Hauptsache, es wird gefunden!

Das gilt auch für das Sanctus. Vielleicht brauchen wir wabernde Keyboards, wuchtige Trommeln und sägende Gitarren, um die Kraft darin zu entdecken. Lobpreisfans ist es wohl vertraut. Das dreifache »Heilig« findet sich in unzähligen auch modernen Vertonungen. In vielen Lobpreiszeiten ist es das Ziel, der Höhepunkt.

Auch in der Liturgie markiert das Sanctus einen Höhepunkt. Während Kyrie, Gloria und Credo in der katholischen Liturgie zum Wortgottesdienst gehören, befinden wir uns jetzt in der Eucharistiefeier im sogenannten »Hochgebet«, auf das dann die Einsetzungsworte und schließlich die Kommunion folgen. Auch im evangelischen Gottesdienst steht das Sanctus kurz vor dem Abendmahl. Wir befinden uns also ganz innen, im »Allerheiligsten«. Aber was ist »heilig«? Wo ist der Raum der Begegnung mit Gott, den ich den »heiligen Raum« nennen möchte?

Wir befinden uns im »Allerheiligsten«.

Sehnsucht nach Heiligkeit

80er-Jahre, Berlin, Kirche am Südstern: Eine Freikirche hat die ehrwürdigen Gemäuer übernommen und mit Bose-Boxen und Teppichboden ausgestattet. Wir bauen mit unserer evangelistischen Deutschrockband für das Konzert am Abend die Anlage im Altarraum auf. Ich stelle eine der ramponierten Kabelkisten vorsichtig auf den Altar, damit ich mich bei der Verkabelung des davor platzierten Schlagzeugs nicht dauernd bücken muss. Da kommt der Pastor um die Ecke. Ich versuche noch schnell, die Kiste vom Altar zu nehmen, aber zu spät: Er hat mich ertappt, lehnt sich lässig gegen den Altar und lacht: »Heute wird hier nicht geopfert, lass ruhig stehen!«

Als gut erzogener katholischer Junge genoss ich diese evangelische Freiheit. Ja, hier ist das Haus Gottes – aber wir sind doch Familienmitglieder! Nichts ist heilig – alles ist heilig – ich selbst bin heilig. Ich muss mich Gott nicht verschämt nähern – abgesehen davon, dass er nicht in diesem Altar steckt, in diesen Mauern wohnt, sondern in uns, den Gläubigen, ja in meinem Herzen.

So sehr mich die Erfahrung, für die diese Anekdote steht, erleichtert hat – unzählige Gottesdienste später habe ich begonnen, das Heilige zu vermissen. Ob in der gedankenlosen Routine einer katholischen Messe oder in der profanen Normalität eines evangelischen Gottesdienstes oder in der lärmenden Zeitgeistanbiederung einer Jugendveranstaltung.

> Ja, hier ist das Haus Gottes – aber wir sind doch Familienmitglieder! Nichts ist heilig – alles ist heilig – ich selbst bin heilig.

Vor einiger Zeit stand in den Top 10 der CD-Charts in Deutschland auf Platz 1 die Band »Unheilig«. Heiligkeit ist ein aktuelles Thema. Menschen machen sich darüber lustig, rebellieren dagegen – und sehnen sich danach. Es fängt schon mit dem Wunsch nach Perfektion, Reinheit an. »Nicht nur sauber, sondern rein« wird gekauft, die perfekte Welle, der perfekte Urlaub, der perfekte Partner wird gesucht. In unserer unvollkommenen und schmutzigen Welt hätten wir so gerne wenigstens einen kleinen Raum, in dem alles vollkommen ist.

Ich bin überzeugt, dass die Sehnsucht nach dem Himmel, nach Gott dahintersteckt. Jesaja und Johannes haben sie gespürt, als ihnen ein kleiner Blick auf den himmlischen Lobpreis gewährt wurde. Wenn wir nicht in unserem Alltag, in unseren Gottesdiensten, in unseren Gebäuden heilige Räume schaffen, wer dann?

Ein Stehenbleiben und Staunen beim Waldspaziergang in der Baumkathedrale. Ein Erschrecken beim Blick nach oben und unten beim Bergsteigen. Das Staunen über Kinder oder alte Menschen, die Begegnung von Mann und Frau. Ein erfülltes Warten zwischen zwei Lobpreisliedern. Ein Wort, das mir aus der Bibel entgegenspringt und mich ergreift.

Wenn wir nicht in unserem Alltag, in unseren Gottesdiensten, in unseren Gebäuden heilige Räume schaffen, wer dann?

Auch wenn sich die Gegenwart Gottes nicht auf Tempel und Altäre beschränkt, brauchen wir doch Heiliges, das für Gott reserviert, für ihn abgesondert ist. Plätze, Gegenstände, Lieder, Zeiten – als Zeichen, als Erfahrungsraum und als Erinnerung, dass er da ist. Nicht nur dort, sondern überall.

Anbetung

Ich fürchte, dass viele, die Heilig-Lieder spielen und singen, keine Vision haben, was dabei passieren könnte: ergriffen dastehen und den heiligen Gott anbeten, bestaunen, verehren. Dominus Deus Sabaoth – Gott aller Mächte und Gewalten!

Beim Sanctus schwingen Ehrfurcht, Zittern und Faszination mit. Die Engel und alle, die schon im Himmel sind, singen – und wir stimmen mit ein.

Ein heiliger Moment. Würden wir ihn doch öfter erleben!

Wir haben schon in vorigen Kapiteln betrachtet, dass die liturgischen Gebete immer eine neutestamentliche Dimension haben. So auch hier. Der zweite Teil stammt von Jesu Einzug in Jerusalem. Dazu ein Zitat aus einem alten Artikel von mir über die Anbetung des Königs in AUFATMEN 2003: »Der Lobpreisruf ‹Hosanna› ist uns ja von dieser Geschichte überliefert. Es ist der Lobpreis des geliebten ‹Königs der Herzen› Jesus, der gerade auf einem Esel seine irdische Würde entfaltet. In der Liturgie finden wir dieses ‹Hosanna› der einfachen Leute im zweiten Teil des ‹Sanctus›. Der erste Teil dagegen stammt von dem dreifachen ‹Heilig›, das Jesaja und später Johannes als Offenbarung des himmlischen Lobpreises hören. Dort hat Jesus den Esel allerdings eingetauscht gegen ein weißes Pferd – und das gehört zum Urbild des Königs wie Thron und Krone. Man könnte also etwas verwegen sagen: Das Sanctus verknüpft beide Gebetsbilder – den irdischen Alternativkönig Jesus auf dem grauen Esel und den himmlischen Allherrscher, den Befreier auf dem weißen Pferd. Und diese beiden Bilder wecken unser Herz, unsere Leidenschaft.«

Das Sanctus verknüpft den Alternativkönig Jesus auf dem grauen Esel und den himmlischen Allherrscher, den Befreier auf dem weißen Pferd. Und diese beiden Bilder wecken unser Herz, unsere Leidenschaft.

Das »Hosanna« bildet einen Kontrast zum »Heilig«. Die meisten Komponisten ziehen hier das Tempo an, werden kleiner oder fröhlicher, während der erste Teil sich groß, weit und ruhig entfaltet.

Wir feiern nicht nur, was im Himmel ist, sondern Jesus, der zu uns kommt; nicht nur die himmlischen Traumschimmel, sondern die irdischen Esel, die ihn tragen. Und das ist nicht minder staunenswert. Das Heilige unter Kindern und einfachen Leuten, im Staub der Straße.

Das erste Bild zum Sanctus ist der himmlische Thronsaal. Das zweite sind die Straßen Jerusalems. Aber hier hört es nicht auf. »Hochgelobt sei der da kommt.« Jesus will zu mir kommen, mir begegnen, zu mir sprechen.

Von dort geht es weiter ins Obergemach und schließlich in den inneren Herzensraum, wo ich das Lamm Gottes aufnehme. Aber dazu mehr im nächsten Kapitel …

Anwendung

Wie schon erwähnt, ist das Sanctus die Urform heutiger »Anbetungszeiten«. Es findet also seine Anwendung immer dann, wenn sich der Lobpreis zu ehrfürchtigem Staunen verdichtet, egal, ob in der Messe mit Orgel oder in einer Lobpreiszeit mit Gitarre und Klavier oder bei einem Worship-Event mit Band und Bühnennebel. Wichtig ist, dass der Weg der Sammlung und

Ausrichtung zuvor gegangen wurde. Es ist tragisch, wenn wir das »Heilig« nur aus Gewohnheit oder musikalischer Begeisterung singen – egal, ob von Franz Schubert oder von Chris Tomlin. Dann fördert es nur die vom Leben abgespaltene fromme Sprache. Wenn wir aber in das ehrfürchtige Staunen hineingenommen werden, dann öffnet sich der heilige Raum, der Thronsaal – oder auch der eigene Herzensraum.

Dazu passen dann auch (gefüllte!) Stille oder freies Singen. Bei all dem muss klar sein: Gott tut das Entscheidende, er steht im Mittelpunkt.

Liedvorschläge

- *Heilig Herr Gott Zebaoth*
  (A. Frey, auf CD »Im Namen des Vaters«)
- *Heilig (Gott und Herr)*
  (A. Frey, auf CD »Bis du kommst«)
- *Heilig (ist der Herr/verzehrendes Feuer)*
  (A. Frey, auf CD »Anker in der Zeit«)
- *Die CD »Feiert Jesus! 16« enthält zwei Heilig-Lieder: Das kraftvolle »Revelation Song«, das Kari Jobe bekannt gemacht hat, und das ehrfürchtige »Holy is the Lamb« vom Oslo Gospel Choir.*
- *Auf weitere Liedvorschläge will ich hier verzichten, weil es so viele gibt. Einfach in Liederbüchern unter »Heilig« nachschlagen. Liturgisch streng gehört das Hosanna dazu.*

Agnus Dei

Agnus Dei, qui tollis peccata mundi,
miserere nobis.
Agnus Dei, qui tollis peccata mundi,
miserere nobis.
Agnus Dei, qui tollis peccata mundi,
dona nobis pacem.

Firmung in der katholischen Landkirche, Mittagszeit. Auch Verwandte, die seit Jahren keine Kirche mehr betreten haben, sitzen den ermüdend langen Gottesdienst ab. Als gegen Ende der Priester das dünne runde Brot hochhält und salbungsvoll »Seht das Lamm Gottes« spricht, höre ich es schräg hinter mir flüstern: »Ja, das wäre was, jetzt zum Griechen und lecker Lamm essen.«

Lamm Gottes, du nimmst hinweg die Sünde der Welt, erbarme dich unser.
Lamm Gottes, du nimmst hinweg die Sünde der Welt, erbarme dich unser.
Lamm Gottes, du nimmst hinweg die Sünde der Welt, gib uns deinen Frieden.

(katholische Liturgie)

Christe, du Lamm Gottes, der du trägst die Sünd' der Welt, erbarm dich unser.
Christe, du Lamm Gottes, der du trägst die Sünd' der Welt, erbarm dich unser.
Christe, du Lamm Gottes, der du trägst die Sünd' der Welt, gib uns deinen Frieden. Amen.

(lutherische Messe)

Missverständnisse

Frühjahr 2000, Aufnahmen zu »Feiert Jesus! 6«. Wir nehmen den Klassiker »Würdig und herrlich ist das Lamm« auf. Bei den ersten Versuchen hat die Sängerin eine sehr helle Aussprache, vielleicht liegt es auch an der Technik: Das »d« klingt fast wie ein »z« – »würzig und herrlich ist das Lamm«. Wir trauen uns kaum zu lachen, aber es ist einfach zu lustig. Trotzdem fängt die Aufnahme später einen ehrfürchtigen Moment ein.

»Lamm Gottes« – das große Bild der Bibel: erhaben, veraltet, missverständlich, banal? Ich habe mich schon früher dafür eingesetzt, dass wir das »Lamm« nicht aus unseren Liedern und Gebeten streichen – allen Missverständnissen zum Trotz. Es ist ein Geheimnis, ein Schlüsselsymbol. Man kann es nicht durch ein paar erklärende moderne Sätze ersetzen. Aber wir müssen es entstauben, entschlüsseln, entdecken. Überlegen wir mal einen Moment, wie ein Lamm wirklich aussieht: Es ist unglaublich süß! Ich freue mich immer, wenn ich unterwegs Schafherden begegne. Mein Blick sucht sofort die Kleinsten. Am Liebsten würde ich über den Zaun springen und eins in den Arm nehmen und knuddeln. Kleine Hunde und Katzen wecken schon sämtliche Beschützer- und Elterninstinkte, aber ein Lämmchen? Da wird der grimmigste Kerl schwach.

Das Lamm ist ein Geheimnis, ein Schlüsselsymbol. Wir müssen es entstauben, entschlüsseln, entdecken.

Symbol quer durch die Bibel

Johannes der Täufer spricht eines der großen Worte der Bibel, als Jesus auf ihn zukommt: »Seht, das Lamm Gottes, das die Sünde der Welt hinwegnimmt« (Johannes 1,29.36). Seine Zuhörer wissen, dass das kein Rätsel, kein Mensch-Tier-Vergleich ist. Die Symbolik ist ihnen wohl vertraut.

Das Lamm ist ein Opfertier. Und jedes Jahr schlachten sie ein besonderes Lamm zum Pessach-Fest, um den Auszug aus Ägypten zu feiern. Sie kennen auch das Gottesknechtlied des Jesaja (52,13ff), wo es heißt: »Er wurde misshandelt und niedergedrückt, aber er tat seinen Mund nicht auf. Wie ein Lamm, das man zum Schlachten führt ...« (53,7)

Am Karfreitag wird diese Prophezeiung bitterer Ernst. Zu den bekannten Geschehnissen nur zwei Anmerkungen: Die Kreuzigung Jesu fand nach dem Johannesevangelium während des Augenblicks statt, als die Pessach-Lämmer geschlachtet wurden. Nach dem Bericht der drei synoptischen Evangelien fand das Abendmahl Jesu Christi in der Nacht des Pessachfestes statt, woher die enge Verbindung zwischen dem Abendmahl und der Lamm-Symbolik herrührt. Anstatt zu fragen: Wie war es denn nun genau? (findige Bibelkundler meinen, diesen Widerspruch auflösen zu können), begeistert mich die ungeheure Symbolik, die Gott hier durch die Geschichte hindurch inszeniert. Und um die geht es den Evangelisten als tiefere Wahrheit. Der Wendepunkt der Menschheitsgeschichte: das Lamm, das die Sünde der Welt hinwegnimmt.

In der Offenbarung des Johannes nimmt das Lamm Gottes einen breiten Raum ein. In der großen Thronsaal-Vision des Johannes wird das Aussehen des Lammes Gottes als »wie geschlachtet« beschrieben (Offenbarung 5,6). Es ist das

Zentrum der Anbetung (Offenbarung 5,8f). Allein das Lamm kann das Buch mit den sieben Siegeln öffnen (Offenbarung 5,5). Später wird auf die »Hochzeit des Lammes« verwiesen, die am Ende der Zeiten stattfinden wird, wenn Christus die erlöste Menschheit als seine »glückliche Braut« heimführt (Offenbarung 19,9).

Die Symbolik ist klar: Jesus, das Lamm Gottes, erhält seinen zentralen Platz auf dem Thron nicht durch Macht und Gewalt, sondern durch seine Hingabe bis zum Opfertod. Damit werden alle »weltlichen« Prinzipien auf den Kopf gestellt. Was er in der Bergpredigt lehrte, lebte er selbst in Vollendung: die andere Wange hinhalten. Die Letzten werden die Ersten sein. Die ihn verlacht haben, werden sich am Ende vor ihm niederwerfen. Das »Lamm Gottes« feiert nicht nur das historische Geschehen oder verweist als Endzeitvision in die Zukunft. Es ist Inspiration, Handlungsanweisung für uns heute. Die »Lammesnatur« ist unser Ideal. Heilige Unschuld. Radikal, umstürzend, gewaltlos.

Jesus, das Lamm Gottes, erhält seinen zentralen Platz auf dem Thron nicht durch Macht und Gewalt, sondern durch seine Hingabe bis zum Opfertod. Damit werden alle »weltlichen« Prinzipien auf den Kopf gestellt.

Wenn wir anfangen, selbstgerecht zu werden oder falsche Machtsysteme zu bauen, erinnert uns das Lamm immer wieder daran, wer Jesus ist und wie wir ihm in dieser Welt nachfolgen können, als unschuldige Schafe mitten unter Wölfen (Lukas 10,3).

Erbarmen und Frieden

Das liturgische Gebet, das diese großen Wahrheiten betet, meditiert, ist höchst einfach. Es traut sich kaum, den Worten von Johannes noch etwas hinzuzufügen. Dreimal werden sie wiederholt (wie schon beim Kyrie). Zweimal ist die Reaktion der Gemeinde: »Erbarme dich unser!« Als Lobpreisfan hätte ich mir lieber ein »Wir beten dich an!« gewünscht. Aber vielleicht ist das »Erbarme dich!« ehrlicher. Und es klingt hier anders als noch beim Kyrie zu Beginn des Gottesdienstes. Da ging es um Vorbereitung. Jetzt sind wir mittendrin. Es geht um das umfassende Erbarmen Gottes, das im Abendmahl zum Ausdruck kommt. Genau hier hat das »Agnus Dei« seinen Platz.

Nach der dritten Wiederholung kommt ein Satz, der mich früher enttäuscht hat: »Gib uns deinen Frieden.« Ist das die Conclusio, der liturgischen Weisheit letzter Schluss? Eine Bitte. Wird uns nicht im Lobpreisseminar beigebracht, dass wir die ehrfürchtigen Momente nicht durch Bitten unterbrechen sollen? Je älter ich aber werde, desto mehr gefällt mir dieser Satz: »Dona nobis pacem.« Die meisten Komponisten fangen hier einen ganz neuen Teil an, zum Beispiel die große Schlussfuge, in der sich die Stimmen der Menschheit vereinen. Ist das nicht unsere größte Sehnsucht? Frieden mit mir selbst, Frieden mit

> Die Liturgie ist nicht weltfremd, sie hat nicht nur den im Kloster Zurückgezogenen etwas zu sagen. Wenn wir sie nur verstehen, nachvollziehen, in der Tiefe feiern können, dann bringt sie uns genau diesem großen Frieden näher, dem Frieden des Lammes Gottes.

meinen Mitmenschen, Frieden mit der Schöpfung, Frieden mit Gott – ewiger Frieden?

Die Liturgie ist nicht weltfremd, sie hat nicht nur den im Kloster Zurückgezogenen etwas zu sagen. Wenn wir sie nur verstehen, nachvollziehen, in der Tiefe feiern können, dann bringt sie uns genau diesem großen Frieden näher, dem Frieden des Lammes Gottes.

Anwendung

Es ist bedauerlich, dass das Agnus Dei – auch wegen seiner Kürze – oft zu schnell heruntergebetet wird. Man kann nicht immer alles erklären, aber gerade hier würden ein paar Verständnis fördernde Worte guttun. Durch Wiederholungen oder ein langsames Tempo kann die Musik den meditativen Charakter unterstreichen.

Außer der liturgischen Anwendung hier zwei Anregungen für freie Lobpreis- und Gebetszeiten:

Höhepunkt der Anbetung: Nach dem »Heilig« das »Lamm Gottes«. Viele Lieder verbinden ohnehin die beiden Begriffe. Die Anbetung bekommt dann neben dem Triumphalen das Zärtliche, das Staunen über Jesus und seine Lammesnatur.

Das Lamm zum Thema machen: Mit mehreren passenden Liedern, Moderation und Gebeten tiefer in das Bild einsteigen. Bewusst einseitig bleiben. Man kann nicht alles haben. Wenn wir uns auf eines konzentrieren, wird es umso bedeutsamer – vorausgesetzt, wir haben dabei eine gute Führung! Es ist wie im Museum: Dieselben Kunstwerke können staunende Begeisterung oder gähnende Langeweile auslösen ...

Liedvorschläge

- *Lamm Gottes*
  (A. Frey, auf CD »Im Namen des Vaters« und »Bis du kommst«)
- *viele andere liturgische Fassungen, z.B. Christe, du Lamm Gottes*
  (M. Luther)
- *Würdig und herrlich ist das Lamm*
  (T. & N. van Dooren)
- *Siehst du das Lamm*
  (A. Frey, auf CD »Im Namen des Vaters« und »Anker in der Zeit«)
- *Ehre dem Lamm*
  (B. Clewitt)
- *Agnus Dei/Halleluja*
  (M.W. Smith)

Proprium: weitere Lieder im Gottesdienst mit freien Texten

Bisher haben wir die Ordinarien (feststehende Teile der Messliturgie) betrachtet. Die Teile, die sich mit dem Kirchenjahr ändern oder frei gestaltet werden können, nennt man *Proprium* – das »Eigene« oder auch das »Passende«. Ein sinniger Name, denn diese Lieder und Gebete passend auszuwählen, ist in der Tat eine Kunst, die ich oft vermisse.

Auch diese Elemente will ich unter der Fragestellung untersuchen, wie sie uns helfen können, Tiefgang zu gewinnen – auch in freieren Gottesdienstformen, wo sie prinzipiell auch vorkommen. Als Anhang habe ich eine Übersicht angefügt, die alle liturgischen Gesänge der Messfeier – Ordinarium und Proprium – im Ablauf darstellt.

Introitus (Eingangsvers/Eingangslied)

Bei der Gestaltung von Gottesdiensten und Lobpreiszeiten stehen wir immer wieder neu vor der Frage: Wie starten wir am besten? Wie können wir die Gruppe sammeln, wie können wir jedem Einzelnen helfen, sich bei Gott zu sammeln? Beim Kyrie haben wir ja betrachtet, wie wir uns innerlich vorbereiten können. Aber vorher noch müssen wir uns äußerlich sammeln und uns bewusst werden, was wir hier tun.

Zum einen gibt es die Aufforderungslieder: »Kommt, lasst uns …«. »Wir wollen …«. Die mögen in einer fröhlichen Atmosphäre und für motivierte Besucher genau das Richtige sein. Sie können aber auch nerven, vor allem, wenn sie zu »pädagogisch« daherkommen und wir uns fühlen wie im Kindergottesdienst. Vielleicht wollen wir ja (noch) gar nicht! Vielleicht zwingt uns ein Lied ein künstliches Lächeln auf, wenn wir fröhlich unserem Nachbarn zusingen sollen. Und wenn wir den Blick starr geradeaus halten oder die Augen schließen, passt es wiederum nicht zum Text, den wir singen.

Ich finde es oft hilfreicher, wenn ein Lied uns zu Beginn daran erinnert, wer wir sind, wer Gott ist, und warum wir jetzt hier sind. Ich finde die alte Gebetseröffnung genial: »Im Namen des Vaters und des Sohnes und des Heiligen Geistes. Amen.« Die Geste des Kreuzzeichens dazu kann man so deuten: Im Namen des Vaters, der oben im Himmel ist (Fingerspitzen der rechten Hand gehen zur Stirn), im Namen des Sohnes, der zu uns auf die Erde und in alles Menschliche herabkam (Hand geht zur Brust), im Namen des Heiligen Geistes, der uns verbindet und zur tätigen Liebe hilft (Hand geht zur linken und rechten Schulter).

Außerdem macht sie deutlich: Wir sind nicht »im eigenen Namen« da. Wir basteln uns nicht ein Programm nach unseren subjektiven Bedürfnissen zusammen, und wir sind nicht zuerst da, um zu konsumieren, um etwas rauszuholen. Wir sind aber auch nicht im Stress, Gott bedienen oder ihn womöglich gnädig stimmen zu müssen. Nein, wir sind da in seinem Namen, das heißt, er lädt uns ein, es geht um ihn. Und er ist – wie Jesus versprochen hat – dabei mitten unter uns. Wir nehmen einfach Teil an der Feier des göttlichen Geheimnisses, als Getaufte »auf den Namen des Vaters, des Sohnes und des Heiligen Geistes«. Nicht der Besucher, auch nicht die Akteure oder die Organisation stehen im Mittelpunkt, sondern der dreieinige Gott.

Das entlastet uns und hilft uns, uns nicht so wichtig zu nehmen. Und meist werden wir erleben, dass die Ausrichtung auf Gott uns guttut – auch wenn nicht alle unsere Erwartungen erfüllt oder Bedürfnisse gestillt wurden.

Eine andere Möglichkeit zur Sammlung ist eine kurze Zeit der Stille oder ein besinnliches Instrumentalstück. Mir ist noch in Erinnerung, wie mir das vor ein paar Jahren beim Besuch eines evangelischen Gottesdienstes gutgetan hat. Zu Beginn spielte einer ein Instrumentalstück auf der Konzertgitarre. Erst war ich irritiert: Wie? Nichts zu singen? Nur eine schlichte Gitarre? Dann schloss ich die Augen und ließ mich darauf ein, nahm den Raum wahr, spürte mich selbst auf der Sitzbank, ließ den feinen melancholischen Klang der Saiten auf meine Seele wirken. Am Ende der vier Minuten war ich bereit, Gott zu begegnen.

Liedvorschläge

- *Im Namen des Vaters*
  (A. Frey, auf CD »Im Namen des Vaters«)
- *Er kommt*
  (A. Frey, auf CD »Urklang«)
- *Komm, jetzt ist die Zeit*
  (B. Doerksen)
- *Sei still*
  (Chapman, auf CD »Feiert Jesus! 17«)
- *Wir sind hier, um anzubeten*
  (S. Sharp/C. Tomlin/E. Cash, auf CD »Feiert Jesus! 17«)

Antwortpsalm / Zwischengesang / Predigtlied

Egal, ob katholisch zwischen Lesung und Evangelium oder evangelisch als eigenständiges Element: Der Psalm im Gottesdienst ist ein hilfreiches Element, das sich auch für freie Gottesdienstformen anbietet. Es gibt viele neue Lobpreislieder, die sich textlich eng an einen Psalm halten. Vielleicht ist es aber auch gut, den Psalm mal nicht zu singen, sondern zu sprechen, um noch stärker beim Text zu sein.

Auch die klassische liturgische Form des »Psalmodierens« hat atmosphärisch etwas für sich. Sie liegt zwischen Sprechen und Singen. Ein Vorsänger singt den Text rhythmisch frei auf einer Eintonmelodie mit kleinen melodischen Figuren am Anfang und am Ende. Die Gemeinde antwortet dazwischen mit einem Leitvers, der am Anfang vorgesungen wird. Für liturgisch Ungeübte wird das wohl leider zu kompliziert sein. Hier wird schmerzlich deutlich, dass wir eine Kultur, die über Jahrhunderte das christliche Abendland geprägt hat, weitgehend verloren haben.

In jedem Fall hilft uns das Psalmenbeten, nicht nur Lesung und Predigt zu hören, sondern persönlich involviert zu werden, die Ich- oder Wir-Perspektive des Psalmisten einzunehmen und zu »antworten«.

Als »Zwischengesang« (zwischen zwei Lesungen) eignen sich auch Lieder, die die Bedeutung von Gottes Wort thematisieren oder Wertschätzung dafür ausdrücken. Das gibt der Seele Raum, um zu spüren: Das Wort Gottes ist wichtig und wertvoll – hör genauer hin!

Eine Stärke des evangelischen oder freikirchlichen Gottesdienstes ist das *Predigtlied*, das ich an dieser Stelle erwähne, auch wenn es manchmal erst nach der Predigt gesungen wird. Es kann uns in die Thematik von Lesung und Predigt einführen, vielleicht auch postmodern nur die »richtigen Fragen stellen«, ohne die Antwort vorwegzunehmen. Nach der Predigt passt solch ein Lied, wenn es die Botschaft auf den Punkt bringt oder zur persönlichen Antwort einlädt. Diese *Themenlieder* sind leider in der Flut der Worship-Welle ziemlich untergegangen. Aus der Tradition der alten Strophenlieder mit viel Theologie oder der neueren Liedermacher mit viel Lebenserfahrung und

Sprachwitz ist kaum mehr etwas übrig geblieben. Wenn Musik- und Sprachstil dieser Themenlieder veraltet oder unpassend sind, dann brauchen wir eben neue. Aber es ist eine große Verarmung, wenn wir nur noch Lob und Preis – und vielleicht noch Buße und Klage – singen. Ich war (zum ersten Mal) am Auswahlprozess der Lieder zum »Feiert Jesus! 4«-Liederbuch beteiligt. Als Besonderheit sind darin alle Lieder in neun Kategorien – angelehnt an einen liturgischen Gottesdienst – sortiert, die eine gezielte Liedauswahl erleichtern sollen. In der Liederbuchkommission wollten wir bewusst wieder diese Themenlieder haben. Sie fallen unter die Kategorie »Gott im Leben«. Zuerst hatte diese Kategorie ihren Platz am Ende des Buches – sozusagen außerhalb der gottesdienstlichen Mitte. Aber das hätte sie wieder an den Rand gedrängt. Deshalb ist diese Kategorie nun genau in der Mitte – dort, wo sich im liturgischen Ablauf Lesung und Predigt befinden.

Es ist eine große Verarmung, wenn wir nur noch Lob und Preis – und vielleicht noch Buße und Klage – singen.

Naturgemäß eignen sich viele dieser Themenlieder nicht zum Mitsingen. Das muss auch nicht immer sein. Wir brauchen eine neue Kultur für Vortragslieder: Solisten, Übungszeit, Noten – und offene Ohren in der Gemeinde.

Ein Worship-Hit hat möglichst nur acht Zeilen und kann beim zweiten Durchlauf direkt mitgesungen werden. Diese Einfachheit und Emotionalität hat Kraft und war ein wichtiger Impuls, gerade für unsere verkopften Gemeinden. Aber nun dürfen wir nicht auf der anderen Seite vom Pferd fallen – und mache hängen schon bedenklich schief.

Das Themenlied ist eine geistliche und kulturelle Bereicherung, die wir wieder entdecken müssen.

Liedvorschläge

Psalm:

- *Lieder, die sich eng an Psalmen halten (möglichst passend zu den Lesungen!)*

Zwischengesang:

- *Dein Wort*
  (A. Frey, auf CD »Bis du kommst«)
- *Urklang*
  (A. Frey, auf CD »Urklang«)

Predigtlieder:

- *zu viele, um sie hier aufzuzählen!*

Halleluja

Eine katholische Besonderheit, die ich sehr schätze, ist die Bedeutung, ja Ehrfurcht, die in besonderer Weise den Evangelien entgegengebracht wird. Die gesamte Bibel ist Gottes Wort – aber hier, bei der Jesus-Geschichte, sind wir im Zentrum. Hier liegt der Schlüssel für alles andere. Das wird in der katholischen Liturgie dadurch deutlich, dass man aufsteht und das Halleluja vor und nach der

Lesung aus einem der Evangelien singt. Ich habe es auch schon erlebt, dass afrikanische Christen dazu tanzend die Bibel hereintragen. Da wird die Freude an Gottes Wort, aber auch die Ehrfurcht davor deutlich.

Dieses Gefühl für Heiliges, für das Besondere, ist – meine ich – ein wichtiges Element, um auch in evangelischen Gottesdiensten die postmoderne Seele zu erreichen.

Auch in der persönlichen Gebetszeit kann die Spannung zwischen Vertrautheit und Ehrfurcht fruchtbar werden. Dieser scheinbare Widerspruch lässt uns umso mehr staunen. Ein besonderer Ort, eine Kerze, ein Innehalten – so schaffen wir den Raum zur Gottesbegegnung auch für uns selbst.

> Dieses Gefühl für Heiliges, für das Besondere, ist ein wichtiges Element, um auch in evangelischen Gottesdiensten die postmoderne Seele zu erreichen.

Erlebt habe ich diese besonderen Momente auch schon bei meinen ersten Berührungen mit pfingstlich-charismatischen Gruppen in den Achtzigern. Da kam nach der Anbetung meist das rührselig-langsame und oft wiederholte Halleluja – und dann der Aufruf zur Bekehrung. Klar, das war nicht immer nur der Heilige Geist, sondern auch ein Drücken auf emotionale Knöpfe (das für kritische Hörer auch nach hinten losgehen kann). Aber wenn heutzutage ein cooler internationaler Worship-Hit nach dem anderen »performt« wird, vermisse ich manchmal das gute alte Halleluja – auch in freien Lobpreiszeiten.

Fürbitten

Hier beschränke ich mich auf die **Anwendung**:

Wenn es eine ganze Reihe von einzelnen Fürbitten gibt, egal ob vorgelesen oder frei gebetet, bietet sich jeweils ein kurzer Gebetsruf als gemeinsamer Abschluss der Bitte an, im Wechsel mit einem Vorbeter oder direkt angestimmt: »Christus, höre uns – Christus, erhöre uns«, oder noch mal ein »Herr, erbarme dich«. Mit einer kurzen Melodie und einer einfachen Akkordfolge kann diese gemeinsame Bekräftigung der Fürbitte Tiefe gewinnen. Diese »kirchliche« Form empfehle ich durchaus auch für freie Fürbittezeiten.

Alternativ kann auch ein Fürbittelied am Anfang und/oder am Ende der Fürbitten stehen.

Liedvorschläge

- *Christus höre uns*
  (A. Frey, auf der CD »Bis du kommst«) – nur als Ruf oder mit rythmisch gesprochenen Zwischentexten (Rap) als ganzes Lied
- *Ströme lebendigen Wassers*
  (A. Frey) – auch als Ruf: nur Chorus oder nur halber Chorus!
- *Hab Erbarmen*
  (A. Adams-Frey/A. Frey)
- *Herr, erbarme dich*
  (P. Natterer/L. Peter, auf CD »Feiert Jesus! 16«)

Offertorium (Gesang zur Gabenbereitung)

Wieder eine katholische Besonderheit, die mit dem Abendmahlsverständnis zu tun hat. Richtig verstanden ist aber die »Vergegenwärtigung des einmaligen Opfers Jesu Christi« und unsere Hingabe »in ihm« auch für Nichtkatholiken ein interessantes gottesdienstliches Element.

Bei der Gabenbereitung geht es darum, dass wir mit Brot und Wein uns selbst, das Irdische und Menschliche auf den Altar legen, damit es verwandelt werden kann. Statt der Tieropfer im alten Bund oder sonstiger Opfer, die eine falsche Religiosität heute fordert, sind wir – laut Paulus – gerufen, uns selbst als lebendiges Opfer darzubringen (Römer 12,1).

Dazu kann uns ein Lied der Hingabe helfen. Auch ganz losgelöst von der Liturgie sind solche Momente der Hingabe mit passenden Liedern sehr wertvoll. Dazu ist allerdings wichtig, dass wir Lieder der Hingabe sehr bewusst und nicht zu oft singen. Manche Lieder haben hier sehr steile, vielleicht auch zu steile Texte. »Ich geb dir mein ganzes Leben hin« – so etwas möchte ich nur singen, wenn ich es auch so meine.

Aber zurück zur Gabenbereitung. Als Beginn der Eucharistie- bzw. Abendmahlsfeier macht sie deutlich, dass da etwas vorbereitet werden muss, damit das göttliche Geheimnis seine Wirkung entfalten kann. Das ist auch eine wertvolle Anregung für Abendmahlsfeiern in freier Form.

Statt direkt in die Einsetzungsworte einzusteigen, kann uns solch ein Lied vorbereiten und den heiligen (Herzens-)Raum öffnen.

Liedvorschläge

- *Verwandle unsere Gaben*
  (A. Frey, auf CD »Im Namen des Vaters« und »Bis du kommst«)
- *Hier bin ich/Ich geb mich ganz hin*
  (C. Musseau)
- *Mein Herz, meinen Leib*
  (L. Lea)

Gebet des Herrn / Vaterunser

Das Vaterunser hat als *das* Gebet, das Jesus selbst seinen Nachfolgern gegeben hat, herausragende Bedeutung. Eine Deutung wage ich in diesem Zusammenhang nicht, denn diesem großen Gebet kann man nicht auf ein paar Seiten gerecht werden. Es wurden unzählige Bücher darüber geschrieben. Jede einzelne Bitte des »Gebet des Herrn« öffnet einen ganzen Bedeutungsraum. Deshalb ist es – wie bei allen liturgischen Gebeten – ein großer Verlust, wenn es schnell und gedankenlos heruntergebetet wird, oder wenn es gar magisch verstanden wird – wie ein frommer Zauberspruch statt als Ausdruck der Beziehung zu »unserem Vater«. Besonders hier, aber auch bei der ganzen Liturgie, habe ich manchmal das

Gefühl, wir halten den Schlüssel, dieses »Schlüsselgebet« in der Hand, aber wir schließen damit nichts auf. Es ist wie im Museum: »Sie sehen hier den original goldenen Schlüssel, den Jesus uns einst gegeben hat«. Aber das ist ein Lebensgebet für *heute*!

Klar, es kann uns nicht immer alles voll bewusst sein. Das ist ja die Stärke der vorformulierten Gebete, dass »es mit mir weiterbetet«, auch wenn ich nicht alles verstehe oder erfasse. Aber ich muss mir das Gebet immer wieder zu eigen machen, mich selbst darin wiederfinden. Dazu hilft ab und zu eine kleine Erklärung, die Betonung eines Aspektes oder eine Predigt über das Vaterunser.

In der Messe gehört es zur Vorbereitung auf die Kommunion bzw. das Abendmahl. Es ist fast wie ein Tischgebet. In der Bitte »Unser täglich Brot gib uns heute« schwingt dann immer das »Brot des Lebens« mit, das danach ausgeteilt wird.

Das Vaterunser ist das bekannteste vorformulierte Gebet. Das eröffnet Chancen für Veranstaltungen, in die Besucher kommen, die kein anderes Gebet kennen und sich auch beim freien Gebet außen vor fühlen. Deshalb möchte ich es auch für offene Veranstaltungen in den Blick rücken. Bei freien Gottesdiensten steht es oft am Ende. Auch zum Abschluss einer Gebetszeit – in der Jugendstunde, am Krankenbett, wo auch immer – kann es uns mit unseren (kindlichen) Bedürfnissen vor unserem Vater im Himmel vereinen. Manche halten sich dabei an den Händen als betende Gemeinschaft – eine schöne Geste.

Vertonung

Das Vaterunser wehrt sich beharrlich gegen jedes rhythmische Versmaß. Die etwas freiere Textfassung von Christoph Zehendner (Vater, unser Vater) transportiert trotzdem sehr gut den Inhalt und wurde mit der eingängigen Vertonung von Hans-Werner Scharnowski zu dem aktuell wohl am häufigsten gesungenen Vaterunser. Alternativ empfehle ich auch mein altes »Unser Vater«, das zu dem wörtlichen (und dadurch nicht ganz gleichmäßigen) Text nur einen Chorus ergänzt. Oder das neue »Offener Himmel«, das die Gedanken des Vaterunser freier interpretiert. Natürlich gibt es unzählige Vertonungen quer durch die Kirchengeschichte. Und das ist gut so, denn auch ein allzu gewohntes Vaterunser-Lied kann zur gedankenlosen Routine werden.

In jedem Fall kann uns ein gesungenes Vaterunser helfen, den Inhalt zu erschließen. Das geschieht allein schon dadurch, dass es länger dauert, aber auch durch den emotionaleren Zugang, den Melodie und Harmonie ergänzen.

Liedvorschläge

- Vater, unser Vater
  (C. Zehendner/H.W.Scharnowski)
- Unser Vater
  (A. Frey, auf der CD »Bis du kommst« und »Unser Vater«)
- Offener Himmel
  (A. Frey, auf der CD »Im Namen des Vaters« und »Urklang«)

Communio (Gesang zur Kommunion/Abendmahlausteilung)

Ich mochte schon als Kind die besinnliche Atmosphäre während der Austeilung der Kommunion bzw. des Abendmahls. Meditatives Orgelspiel, ein schönes Solo – gesungen oder instrumental, ruhige Lieder über das Geheimnis von Brot und Wein und über das Kreuz.

Hier bieten uns auch moderne Lobpreissongs eine gute Auswahl. Dabei will ich unsere Aufmerksamkeit über das Kreuzesgeschehen hinaus auch auf andere Themen lenken, die beim Abendmahl mitschwingen, zum Beispiel:

- Das Brot des Lebens, Nahrung für Seele und Geist
- Jesu liebende Hingabe an mich
- Meine Antwort darauf, die Liebesbeziehung zu ihm

- Gemeinschaft mit Geschwistern, Verbundenheit durch Christus
- Die Verbundenheit mit allen Armen, Schwachen und Kranken
- Das Mahl der Außenstehenden und Sünder, die von den Landstraßen und Zäunen eingeladen wurden, nachdem die ersten Gäste nicht erschienen sind (Lukas 14,23.24).

Unsere Aufgabe als Liturgen, Kantoren und Lobpreisleiter ist es, das Abendmahl als Erfahrungsraum zu erschließen.

Am Ende der Kommunion sieht die Liturgie noch ein Dankgebet oder Danklied vor, das aber oft aus Zeitgründen entfällt. Ich will hier nicht näher darauf eingehen. Sinn und Bedeutung eines Dankliedes scheinen mir offensichtlich. Nur so viel: Ob am Ende oder schon vor dem Loben (Gloria) – das ganz konkrete Danken für das von Gott Empfangene hat Kraft und Bedeutung. Gerade wenn wir dabei bleiben und uns bewusst werden, wie sehr wir beschenkt sind. In diesem Sinne brauchen wir auch neue Danklieder und Raum für Dank vor Gott – und nicht immer gleich Lobpreis.

Liedvorschläge

- Bruder der Armen
  (A. Frey, auf CD »Im Namen des Vaters«)
- Siehst du das Lamm
  (A. Frey, auf CD »Im Namen des Vaters« und »Anker in der Zeit«)
- Sieh, das Lamm Gottes
  (K. Getty/S. Townend, auf CD »Feiert Jesus! 18«)
- Allein deine Gnade genügt
  (M.J. Nystrøm)
- Wunderbarer Hirt
  (L. Kosse)

Schlussgebet / Schlusslied

Das Schlusslied bietet wieder verschiedene Möglichkeiten.

1. Sendung: Der Blick geht wieder nach außen, auf das, was vor uns liegt. Auf die Herausforderungen und die Welt, in die wir gesandt sind.

Ich mag es, wenn das Sendungslied auch etwas Kämpferisches hat. Mit neuer Kraft gehen wir hinaus in die Kämpfe, die vor uns liegen. Diese sind kein Unfall, sondern Teil des Weges. Ein guter Gottesdienst öffnet uns dafür die Augen und ist nicht nur eine »Auszeit« vom Alltag.

Ich mag es, wenn das Sendungslied auch etwas Kämpferisches hat. Mit neuer Kraft gehen wir hinaus in die Kämpfe, die vor uns liegen. Diese sind kein Unfall, sondern Teil des Weges.

2. Segen: Segenslieder sind nicht nur für ein gutes Gefühl am Ende da. Segen – tiefer verstanden – heißt, dass lebensspendende Worte über uns ausgesprochen werden. Der aaronitische Segen, der vom Angesicht Gottes spricht, das über uns leuchten soll, ist dafür ein Bild, das wir schon gar nicht mehr erkennen, weil wir die Worte so gewohnt sind. Der wohlwollende Blick Gottes auf mich ist unendlich wertvoll – wenn ich es überhaupt zulassen und glauben kann.

Wie bei allen Ritualen steckt auch im Segen sehr viel drin, was wir meist unbewusst tun. Das muss auch nicht jedes Mal erklärt werden, aber am Anfang und immer wieder eben doch.

Deshalb plädiere ich dafür, dass wir auch den guten alten Segen neu entdecken, indem wir moderne Lieder und neue Gedanken dafür finden.

Bei der Liturgie im evangelischen Kloster Gnadenthal wird am Ende folgender Satz gesprochen: »Wohin wir gehen, dahin kommt nun auch der Herr.« Dieses Bewusstsein für »Christus in mir« ist ein Schatz, den wir aus dem Gottesdienst mitnehmen.

»Worship starts here«, schrieb eine Freikirche über den Ausgang. Der Gottesdienst des ganzen Lebens beginnt. Was wir innen erlebt haben, tragen wir nun nach außen.

Liedvorschläge

Segen:

- Vater, segne mich
  (A. Frey, auf CD »Im Namen des Vaters« und »Urklang«)
- Der Herr segne dich
  (M. Pepper)

Sendung:

- Geh
  (A. Frey, auf CD »Bis du kommst«)
- Vater im Himmel
  (A. Frey, auf CD »Lebendig«)
- Für den König
  (A. Frey, auf CD »Im Namen des Vaters« und »Für den König«)

Magnificat

Magnificat anima mea Dominum,
et exsultavit spiritus meus in Deo
salutari meo.
Quia respexit humilitatem
ancillae suae.
Ecce enim ex hoc beatam me dicent
omnes generationes.
Quia fecit mihi magna, qui potens est,
et sanctum nomen eius.
Et misericordia eius a progenie
in progenies timentibus eum.
Fecit potentiam in brachio suo,
dispersit superbos mente cordis sui.
Deposuit potentes de sede
et exaltavit humiles.
Esurientes implevit bonis
et divites dimisit inanes.
Suscepit Israel puerum suum,
recordatus misericordiae suae.
Sicut locutus est ad patres nostros,
Abraham et semini eius in saecula.

(46) Meine Seele preist die Größe des Herrn,
(47) und mein Geist jubelt über Gott,
meinen Retter.
(48) Denn auf die Niedrigkeit seiner Magd hat er
geschaut.
Siehe, von nun an preisen mich selig
alle Geschlechter.
(49) Denn der Mächtige hat Großes an mir getan,
und sein Name ist heilig.
(50) Er erbarmt sich von Geschlecht
zu Geschlecht über alle, die ihn fürchten.
(51) Er vollbringt mit seinem Arm machtvolle Taten:
Er zerstreut, die im Herzen voll Hochmut sind.
(52) Er stürzt die Mächtigen vom Thron
und erhöht die Niedrigen.
(53) Die Hungernden beschenkt er mit seinen Gaben
und lässt die Reichen leer ausgehen.
(54) Er nimmt sich seines Knechtes Israel an
und denkt an sein Erbarmen,
(55) das er unseren Vätern verheißen hat,
Abraham und seinen Nachkommen auf ewig.

Jetzt will ich mich zwei weiteren faszinierenden liturgischen Gebeten widmen: erst dem Magnificat, dem Lobgesang der Maria, und danach dem Benedictus, dem Lobgesang des Zacharias. Beide sind direkt zitierte hymnische Gebete aus dem ersten Kapitel des Lukasevangeliums.

Während das Alte Testament voller solcher »Liedtexte« ist – allen voran natürlich die Psalmen –, gibt es im Neuen Testament nur wenige davon. Einige finden sich in den Briefen und in der Offenbarung. Aber in den Evangelien, unmittelbar aus der Jesusgeschichte, gibt es nur diese zwei und das Lied des Simeon. Umso mehr Bedeutung hat schon die alte Kirche diesen Texten zugemessen. In der klösterlichen Tradition werden sie täglich gebetet.

Bedenken um Maria

Zunächst will ich hier auf zwei Fragen eingehen. Wenn wir mal einen Moment nicht voraussetzen, dass der Heilige Geist die Schrift eingegeben hat, könnte man ja kritisch fragen: Woher hat Lukas gewusst, was Maria in dieser Situation genau gesagt hat? Ist der Text nicht viel zu hochgestochen, zu theologisch? Hat er das nicht konstruiert? Nun, Lukas stellt zu Beginn seines Evangeliums seinen Anspruch klar: Er hat einen möglichst wahrheitsgetreuen Bericht »der Reihe nach« erstellt. Er schreibt also nicht Poesie, wie sie in anderen

Büchern der Bibel vorkommt und deren Wahrheit im tieferen Sinn liegt, sondern einen Tatsachenbericht. Er hat genauestens nachgeforscht, beruft sich auf Augenzeugen. Er dürfte Maria persönlich getroffen haben, oder aus erster Hand von Mitgliedern der »Urgemeinde« Details erfahren haben.

Aber woher wusste Maria Jahrzehnte später noch genau, was sie gesagt hatte? Zum einen wurden damals Worte nicht so inflationär gebraucht wie heute, sie hatten viel mehr Bedeutung. Zum anderen war dies eine der Schlüsselszenen in Marias Leben.

Meine Oma zum Beispiel hat oft genauestens die Situation beschrieben, als sie die Nachricht vom Tod ihres Mannes im Krieg bekam. Sie wusste als alte Frau noch jedes Wort. Außerdem hat Maria Schriftstellen in ihrem Gebet zitiert, so wie wir es auch tun würden, wenn uns unsere eigenen Worte zu klein scheinen.

Woher wusste Maria Jahrzehnte später noch genau, was sie gesagt hatte? Es war eine der Schlüsselszenen in ihrem Leben.

Die andere Frage für Evangelische lautet: Ist das nicht zu katholisch, geht es da nicht zu viel um Maria, tritt da nicht jemand in Konkurrenz zu Jesus? Luther hat sich diese Fragen auch gestellt. Er hat sogar eine ausführliche Abhandlung über das Magnificat geschrieben, das ihm wohl viel gesagt und bedeutet hat. Auf die Frage hin, ob das Magnificat in seiner neuen evangelischen Gottesdienstordnung noch Platz hat, sagte er: »Es ist billig, dass man dies Lied noch lasse bleiben in der Kirche!«

Ich meine, das Magnificat könnte eine gute biblische Art sein, die Rolle Marias auch in den evangelischen Glauben einzubeziehen, statt reflexartig das Stoppschild zu heben, sobald ihr Name fällt. Und, wenn jemand damit Probleme hat: Könnte es sein, dass da nicht nur Angst vor dem Katholischen, sondern auch vor dem Weiblichen mitschwingt?

Zur Vorgeschichte

Schauen wir uns den Zusammenhang des Magnificat genauer an: Elisabeth, die werdende Mutter Johannes des Täufers, bekommt Besuch von ihrer Verwandten Maria. Vermutlich weiß sie noch nicht um deren Geheimnis, aber Elisabeth erkennt durch den Heiligen Geist, dass auch die junge, unverheiratete Maria schwanger ist. Genauer gesagt, hüpft das Kind – Johannes – in ihr vor Freude, weil es das andere Kind – Jesus – erkennt. Geheimnisvoll und doch so einfach und körperlich. Schwangere unter sich.

Alles an dieser Szene ist voll tiefer Bedeutung und geistlicher Bezüge. Elisabeth bekommt als »Unfruchtbare« im vorgerückten Alter ein Kind – wie einst Sara den Isaak, den Sohn der Verheißung, und Hanna den Samuel, den großen Propheten. Immer geht es hier darum, dass etwas nicht durch menschliche, männliche Kraft entsteht, sondern durch Gottes Initiative. Erst recht trifft das auf Marias Schwangerschaft zu. Elisabeth reagiert nicht menschlich mit Vorwürfen, sondern geistlich mit einer Seligpreisung. Es heißt, sie rief mit lauter Stimme: »Gesegnet bist du ...«. Ein paar Tage vorher hat Maria schon mal einen eigenartigen Gruß vom Engel Gabriel gehört: »Sei gegrüßt, du Begnadete ...«

Klar geht es zunächst um Maria, die wortwörtlich gratia plena, »voller Gnade«, ist, weil sie die göttliche Gnade in Form von Jesus in sich trägt. Aber in Lukas 1,45 klingt auch Allgemeingültiges, für uns alle Zutreffendes durch: »Selig ist die, die geglaubt hat, dass sich erfüllt, was der Herr ihr sagen ließ«.

Egal, ob wir in diesem Gebet die Genialität der Maria, des Lukas oder des beide inspirierenden Heiligen Geistes sehen, es hat ewige Bedeutung und revolutionäre Kraft.

Was soll Maria auf diese großen Worte sagen? Sie erinnert sich an das Danklied der Hanna (1. Samuel 2,1-10), das ihr vertraut ist. Aber sie variiert das alte Gebet und bringt ihre eigene Situation, ihre eigenen Gedanken mit hinein. Egal, ob wir in diesem Gebet die Genialität der Maria, des Lukas oder des beide inspirierenden Heiligen Geistes sehen, es hat ewige Bedeutung und revolutionäre Kraft.

Auslegung des Textes

Der Beginn in Vers 46 ist nicht nur ein Lobpreisruf, sondern ein Hinweis auf ganzheitliche Spiritualität. »Anima mea« und »spiritus meus« – die Seele und der Geist, grammatikalisch das Weibliche und das Männliche, alles in uns! Nach Art der hebräischen Gedichtform, wie wir sie beispielsweise in den Psalmen finden, wird eine Sache immer doppelt ausgedrückt, wobei der zweite Teil keine reine Wiederholung oder Umformulierung ist, sondern die Bedeutung erweitert. So auch hier: Seele und Geist – wobei die Verben interessanterweise vertauscht scheinen: Die Seele ordnet sich anbetend unter, der Geist hat den Gefühlsausbruch!

Ich beneide andere Sprachen um ihre Übersetzung des Wortes Μεγαλύνει, magnificat. Luther übersetzt »erhebt«, wobei das für uns heute ähnlich holprig wirkt wie viele übersetzte Lobpreislieder. »Groß machen«, die Bedeutung erkennen, sich selbst unterordnen – all das steckt darin; genau das, worum es bei Lobpreis geht.

Jetzt kommt der Gegensatz zum großen Gott: »Er hat meine Niedrigkeit angesehen – respexit humilitatem.« Wie schön kann Latein sein! Darin steckt der Respekt, das tiefe »Ansehen«, das seine schwachen Geschöpfe bei Gott haben. Und die Demut, die erdverbundene (Humus) Bescheidenheit des Geschöpfes, mit der Maria sich identifiziert.

Nun folgt der Stein des Anstoßes: »Selig werden mich preisen alle Geschlechter.« Können wir hier weiter mitsingen? Dürfen wir das für und mit Maria sagen? Ich kann verstehen, dass hier manche aussteigen. Einige Vertonungen lassen diesen Vers aus, um Missverständnisse zu vermeiden. Ich habe ihn drin gelassen. Ich bin dafür, dass wir in unserer Bibelanwendung die Haken und Ösen nicht entfernen, sonst wird alles glatt – und am Schluss bleibt nichts mehr hängen. Ich kann für mich dieses Wort einordnen, indem ich ganz klein oder ganz groß denke. Ganz klein: Hier freut sich ein einfaches Mädchen ganz kindlich und unbescheiden über die Erwählung Gottes. Kann ich das nicht auch? Und ganz groß: Das ist das große Mysterium, die Zeitenwende, Gott wird Mensch und erhebt damit alle Menschen aller folgenden Geschlechter. »Denn Großes hat der Herr an mir getan.« Das können, das müssen auch wir singen!

Wunderschön in den folgenden Zeilen auch der Gegensatz zwischen dem mächtigen und heiligen Gott und seiner Herabneigung, seinem Erbarmen!

Ab Vers 51 wird es gefährlich. Die kleine Maria droht den Hochmütigen, Mächtigen und Reichen! Prophetisch beschreibt sie den Weg Jesu, das Reich Gottes für die Niedrigen und Hungernden. Das Magnificat hat eine starke soziale und politische Komponente. Durch die Zeiten mahnen uns diese Worte, Bedürftige zu bleiben und unseren Lebensstil und unsere Haltung unseren Mitmenschen gegenüber zu überdenken.

Vers 54 und 55 schließen den geschichtlichen Bogen. Die Verheißung an Abraham erfüllt sich durch den »Nachkommen« Jesus, der durch Maria Erbe des alten Gottesvolkes ist und zugleich das neue Gottesvolk aus allen Völkern begründet.

Gemeinsamer Treffpunkt

Rückblick: Deutschlandtreffen der CE (katholisch-charismatische Erneuerung) Anfang der 90er-Jahre in Augsburg. Ich habe die Aufgabe, am Samstagabend in der großen Halle den Lobpreis zu leiten. Es gibt einige Teilnehmer, die eine ausgeprägte Marienfrömmigkeit haben. Samstagabend – da muss traditionell ein Marienlied gesungen werden. Ich komme in Bedrängnis, denn ich bete nur zu Gott! Der Konferenzleiter steht hinter mir: Tu nichts gegen dein Gewissen! Da kommt der die Einheit rettende Vorschlag: ein Magnificat. Wir singen nicht zu, sondern mit Maria!

Ich komme in Bedrängnis, denn ich bete nur zu Gott! Der Konferenzleiter steht hinter mir: Tu nichts gegen dein Gewissen!

Heute sehe ich das nicht mehr so eng. Gott sieht das Herz an, er kann auch wirken, wenn er auf Umwegen angesprochen wird. Ich will die theologischen Unterschiede nicht verharmlosen und schon gar nicht kann ich sie auflösen. Aber das Magnificat scheint mir ein guter biblischer Weg, bei dem wir uns treffen können, ohne Maria auszuklammern. Aber das nur als theologischer Hintergrund, der vielen ohnehin egal sein wird.

Das Magnificat ist einfach ein wunderschöner biblischer Lobpreistext, das Wort »Maria« kommt gar nicht darin vor.

Anwendung

Neben der liturgischen Anwendung passt das Magnificat, wenn es um die Größe und Heiligkeit Gottes geht. Es passt, wenn es um unsere Niedrigkeit und Gottes Herabneigung zu uns geht. Und es passt auch, wenn es um die ausgleichende Gerechtigkeit des Reiches Gottes geht. Und gerade zum Thema Armut und Reichtum, Macht und Ohnmacht haben wir nicht viel in unserem Repertoire.

Dies ist der Text einer Frau. Man spürt die weibliche Sicht auf die Welt, die Emotionen einer Frau, die Anmut und den Mut zur Wahrheit. Das ist für uns alle wichtig und wertvoll. Eine schöne, weibliche Solostimme, vielleicht eine Tänzerin, kann das zum Leuchten bringen. Diese Worte sind uns gegeben, damit etwas Großes unsere kleinen Herzen erfülle.

Liedvorschläge

- *Meine Seele preist die Größe des Herrn*
  (A. Frey, auf CD »Im Namen des Vaters«)
- *Mein Herz erhebt die Größe meines Herrn*
  (J. M. Talbot, deutsch J. Mills)
- *Magnificat*
  (M. Steinhoff, Christus Treff Marburg)
- *Meine Seele erhebt den Herrn*
  (G. Schnitter)

Benedictus

Benedictus Dominus Deus Israel,
quia visitavit et fecit redemptionem plebi suae
et erexit cornu salutis nobis,
in domo David pueri sui,

sicut locutus est per os sanctorum, qui a saeculo
sunt, prophetarum eius,
salutem ex inimicis nostris,
et de manu omnium, qui oderunt nos;
ad faciendam misericordiam cum patribus
nostris, et memorari testamenti sui sancti,
iusiurandum, quod iuravit ad Abraham patrem
nostrum,
daturum se nobis, ut sine timore, de manu
inimicorum liberati, serviamus illi in sanctitate
et iustitia coram ipso
omnibus diebus nostris.

Et tu, puer, propheta Altissimi vocaberis: praeibis
enim ante faciem Domini parare vias eius,

ad dandam scientiam salutis plebi eius in
remissionem peccatorum eorum,

per viscera misericordiae Dei nostri, in quibus
visitabit nos oriens ex alto,

illuminare his, qui in tenebris et in umbra mortis
sedent, ad dirigendos pedes nostros in viam
pacis.

Gepriesen sei der Herr, der Gott Israels!
Denn Er hat Sein Volk besucht und ihm Erlösung geschaffen. Er hat uns einen starken Retter erweckt im Hause Seines Knechtes David.

So hat Er verheißen von alters her durch den Mund Seiner heiligen Propheten.
Er hat uns errettet vor unseren Feinden
und aus der Hand aller, die uns hassen.
Er hat das Erbarmen mit den Vätern an uns vollendet und an Seinen heiligen Bund gedacht,
an den Eid, den Er unserem Vater Abraham geschworen hat.
Er hat uns geschenkt, dass wir, aus Feindeshand befreit, Ihm furchtlos dienen in Heiligkeit und Gerechtigkeit vor Seinem Angesicht all unsere Tage.

Und du Kind, wirst Prophet des Höchsten heißen, denn du wirst dem Herrn vorangehen und Ihm den Weg bereiten.
Du wirst Sein Volk mit der Erfahrung des Heils beschenken in der Vergebung der Sünden.

Durch die barmherzige Liebe unseres Gottes wird uns besuchen das aufstrahlende Licht aus der Höhe,
um allen zu leuchten, die in Finsternis sitzen und im Schatten des Todes, und unsere Schritte zu lenken auf den Weg des Friedens.

Das Magnificat (Lobgesang der Maria) des letzten Kapitels und das Benedictus (Lobgesang des Zacharias) sind beide direkt zitierte hymnische Gebete aus dem ersten Kapitel des Lukasevangeliums. Sie bilden ein faszinierendes Paar. In der liturgischen Tradition wird das Benedictus morgens zur Laudes gebetet, das Magnificat abends zur Vesper.

Anfang der 90er-Jahre war ich für einige Zeit bei der Gemeinschaft Immanuel Ravensburg angestellt. Das Gebet vor der Arbeit war uns wichtig, aber damals geriet unser Mitarbeitergebet ins Stocken. Wir beteten charismatisch frei. Aber mit der Zeit beteten dieselben Leute immer wieder dasselbe – und andere blieben stumm. Auch das ist eine Liturgie – nur nicht besonders tief! Wir begannen, wie im Kloster gemeinsam laut die Psalmen zu beten. Dazu abwechselnd mal das Magnificat, mal das Benedictus. Seit dieser Zeit sind mir beide Gebete ans Herz gewachsen. Sie werden nicht langweilig, es gibt immer wieder etwas zu entdecken. Ich kann mich immer wieder neu darin finden.

Die beiden Hymnen stehen an der Schwelle zwischen dem Alten und Neuen Testament, zwischen der Tradition Israels und der Ankündigung des kommenden Heils. Während Maria im Magnificat die weibliche Seite anklingen lässt, nimmt Zacharias einen eher männlichen Standpunkt ein. Beide Seiten sprechen natürlich zu Männern und Frauen. Wir alle sind gerufen, die persönliche (subjektive) und empfangende (passive) Seite des Magnificat und die allgemeine (objektive) und gebende (aktive) Seite des Benedictus zu entwickeln.

Aber betrachten wir zuerst die Situation, in der dieses Gebet gesprochen wurde: Der Priester Zacharias und seine Frau Elisabeth sind gottesfürchtig, bereits im vorgerückten Alter – und kinderlos. Beim Tempeldienst erscheint ihm der Engel Gabriel und kündigt die Geburt eines Sohnes an, den er Johannes nennen soll. Die Parallele zu Gabriels Ankündigung der Geburt Jesu bei Maria ist offensichtlich. Aber während Maria nur mutig fragt, hat Zacharias Zweifel. Gabriel macht klar, dass es hier nichts zu diskutieren gibt und Zacharias wird mit Stummheit geschlagen, bis das alles eintrifft (Lukas 1,20). Ein denkwürdiges Schweigen. Auch wir brauchen manchmal solche Zeiten, in denen wir verstummen, damit wir den Ernst der Lage erkennen.

Als schließlich Johannes acht Tage nach seiner Geburt zur Beschneidung in den Tempel gebracht wird, öffnen sich Zacharias' Lippen und er spricht vom Heiligen Geist erfüllt prophetisch (Lukas 1,67) die Worte des Benedictus (Lukas 1,68ff) – da haben sich neun Monate Schweigen gelohnt!

Er beginnt mit der Lobpreisformel aus Psalm 41,14. Überhaupt steckt das Gebet voller Zitate, auch solchen wie Jesaja 9,1 vom Licht in der Finsternis, die der Messiashoffnung Ausdruck verleihen. In der Einheitsübersetzung ist fast die Hälfte des Textes kursiv gesetzt, das heißt: aus anderen Schriftstellen zitiert. Aber eben nicht nur. Es geschieht etwas Neues, Konkretes. Der Vorbote ist da.

Prophetische Dimension und Aufgabe

Das Benedictus ist in mehrfacher Hinsicht prophetisch. Es ist Reden von Gott her, der Heilige Geist spricht durch Zacharias. Es nimmt Bezug auf die Ankündigungen früherer Propheten Israels. Es geht um Johannes den Täufer und seine Rolle als letzter Prophet und Wegbereiter des Messias. Und es kündigt an, was in Zukunft geschehen soll.

Für mich bedeutet das nicht nur eine Erinnerung an das damalige Geschehen und seine Erfüllung durch die Heilsgeschichte. Indem ich das Benedictus bete, werde ich selbst in die prophetische Dimension hineingenommen. Ich empfinde dabei immer wieder eine innere Bewegtheit: Das hier ist größer als du selbst, du bist nur Teil einer großen Geschichte, Gott wirkt, was er will!

Indem ich das Benedictus bete, werde ich selbst in die prophetische Dimension hineingenommen. Ich empfinde dabei immer wieder eine innere Bewegtheit: Das hier ist größer als du selbst, du bist nur Teil einer großen Geschichte, Gott wirkt, was er will!

Vor ein paar Jahren hat mich das Benedictus bei einem Besuch im evangelischen Kloster Triefenstein besonders getroffen. Wir hatten mit einigen Männern am Abend vorher einen freundschaftlichen Austausch, auch Schweres kam ehrlich zur Sprache. Ich erkannte die psychologische Weisheit dieses Gebets. Es spricht von Kampf und Dunkelheit, aber auch von Befreiung und Vergebung. Es beschreibt nicht nur ein himmlisches Ideal, sondern unsere Schritte auf dem Weg, die Notwendigkeit menschlicher Erfahrung.

Wie Zacharias kann ich meinem Unglauben und meiner eigenen beengten Sicht diese großen Worte entgegenhalten. Ich erinnere mich, auf was mein Glaube gründet: *der Gott Israels, sein Bund mit Abraham* und all seinen Kindern, der *starke Retter* Jesus, der uns *besucht und Erlösung geschaffen* hat. Ich richte mich auf das aus, was Gott auch heute an mir tun will: Mich *aus Feindeshand befreien, in der Vergebung der Sünden mit der Erfahrung des Heils beschenken, Licht in meine Finsternis und Todesschatten bringen und mich auf den Weg des Friedens führen.*

Wie Zacharias kann ich meinem Unglauben und meiner eigenen beengten Sicht diese großen Worte entgegenhalten.

Und du Kind: Dieser Abschnitt ist an Johannes den Täufer gerichtet. Aber ich höre ihn auch für mich, als Erinnerung an meine Aufgabe: Selbst ein Prophet sein, dem Höchsten den Weg bereiten! Johannes der Täufer steht archetypisch für den wilden Mann, der nicht Rücksicht auf das Establishment nimmt, sondern in der Wüste Klartext redet.

Ich habe das Gefühl, das Benedictus spricht uns Mut zu, Teil dieser kosmischen Aufgabe zu sein, das Heil zu den Menschen zu bringen. Sine timore serviamus – Ihm furchtlos dienen!

Auch heute will ich helfen, dass Menschen *mit der Erfahrung des Heils beschenkt* werden. Auch heute will ich Licht zu denen bringen, die *in Finsternis und im Schatten des Todes sitzen,* sei es Krankheit, Depression oder Trauer, sei es Hoffnungs- oder Gottlosigkeit.

Das Benedictus ist männlich, indem es schonungslos die Lage der Menschen aufzeigt (in Feindeshand) und uns aufruft, an Gottes Rettungsplan mitzuwirken, als seine Propheten und Kämpfer.

Das Benedictus spricht uns Mut zu, Teil der kosmischen Aufgabe zu sein, das Heil zu den Menschen zu bringen.

Zugleich begeht es nicht den Fehler vieler Männer, die zu sehr in der Außenwelt und im Aktivismus stecken bleiben. Es stellt klar, dass Gott das Entscheidende tut und dass wir selbst von Feindeshand befreit werden müssen, bevor wir ihm furchtlos dienen können.

Ad dirigendos pedes nostros in viam pacis: Gott ist der große Dirigent, der unseren Part vorbereitet hat, der unsre Füße in die richtige Richtung lenken will. Das Ziel ist der Weg, nicht das Ankommen, die Vollendung, der Sieg. Das Ziel ist der Weg des Friedens. Mögen wir auch heute darauf gehen!

Anwendung

Mir ist keine Vertonung im Stil moderner Lobpreislieder bekannt außer meiner eigenen. Mir ist es allerdings auch nicht gelungen, sämtliche Aspekte des relativ langen Benedictus in einem Popsong unterzubringen. Historische Vertonungen gibt es natürlich aus allen Epochen, aber sie sind seltener als Vertonungen der Messe oder des Magnificat. Sie sind nicht mit dem zweiten Teil des Sanctus zu verwechseln, der mit dem gleichen Wort beginnt (Benedictus qui venit). Suche: Benedictus Dominus.

Von daher empfehle ich vor allem das gemeinsame Sprechen und das persönliche Meditieren des Textes. Und wie wäre es mal mit einer Predigt oder Andacht zu diesem Thema, samt Lied und Auslegung? Es muss einen Grund geben, warum die Gottsucher über die Jahrhunderte so beharrlich diese Schriftstelle gebetet haben!

Liedvorschlag

- *Gepriesen sei der Herr (Benedictus)*
  (A. Frey auf CD »Für den König« und »Im Namen des Vaters«)

Komm herab, o Heiliger Geist

Veni, Sancte Spiritus,
Et emitte caelitus
Lucis tuae radium.

Veni, pater pauperum,
Veni, dator munerum,
Veni, lumen cordium.

Consolator optime,
Dulcis hospes animae,
Dulce refrigerium.

In labore requies,
In aestu temperies,
In fletu solatium.

O lux beatissima,
Reple cordis intima
Tuorum fidelium.

Sine tuo numine
Nihil est in homine,
Nihil est innoxium.

Lava quod est sordidum,
Riga quod est aridum,
Sana quod est saucium.

Flecte quod est rigidum,
Fove quod est frigidum,
Rege quod est devium.

Da tuis fidelibus
In te confidentibus
Sacrum septenarium.

Da virtutis meritum,
Da salutis exitum,
Da perenne gaudium.
Amen. Halleluja.

Wörtliche Übersetzung
(M. Bachmeier)

Komm, heiliger Geist,
Und sende vom Himmel her
Deines Lichtes Strahl.

Komm, Vater der Armen,
Komm, Geber der Gaben,
Komm, Licht der Herzen.

Bester Tröster,
Süßer Gast der Seele,
Süße Erfrischung.

In der Mühe bist du Ruhe,
In der Hitze Mäßigung,
Im Weinen Trost.

O seligstes Licht,
Erfülle das Herzensinnere
Deiner Gläubigen.

Ohne deinen Wink
Ist nichts im Menschen,
Ist nichts unschuldig.

Wasche, was schmutzig ist,
Bewässere, was trocken ist,
Heile, was verwundet ist.

Beuge, was starr ist,
Wärme, was kalt ist,
Lenke, was vom Weg weg ist.

Gib deinen Gläubigen,
Die auf dich vertrauen,
Die siebenfache heilige Gabe.

Gib der Tugend Verdienst,
Gib des Heiles Ausgang (Erfolg),
Gib beständige Freude.
Amen. Halleluja.

Übertragung
(Thurmair/Jenny)

1. Komm herab, o Heilger Geist,
der die finstre Nacht zerreißt,
strahle Licht in diese Welt.

Komm, der alle Armen liebt,
komm, der gute Gaben gibt,
komm, der jedes Herz erhellt.

2. Höchster Tröster in der Zeit,
Gast, der Herz und Sinn erfreut,
köstlich Labsal in der Not,

in der Unrast schenkst du Ruh,
hauchst in Hitze Kühlung zu,
spendest Trost in Leid und Tod.

3. Komm, o du glückselig Licht,
fülle Herz und Angesicht,
dring bis auf der Seele Grund.

Ohne dein lebendig Wehn
kann im Menschen nichts bestehn,
kann nichts heil sein noch gesund.

4. Was befleckt ist, wasche rein,
Dürrem gieße Leben ein,
heile du, wo Krankheit quält.

Wärme du, was kalt und hart,
löse, was in sich erstarrt,
lenke, was den Weg verfehlt.

5. Gib dem Volk, das dir vertraut,
das auf deine Hilfe baut,
deine Gaben zum Geleit.

Lass es in der Zeit bestehn,
deines Heils Vollendung sehn
und der Freuden Ewigkeit.
Amen. Halleluja.

Nach den fünf »Ordinarien« der Messe, die schon im 2. Jahrhundert entstanden sind, und den beiden Lobliedern aus dem ersten Kapitel des Lukasevangeliums (1. Jahrhundert), machen wir nun zum Abschluss einen Sprung von rund 1000 Jahren.

Wenn wir versuchen, uns diesen Zeitsprung vorzustellen, wird schnell deutlich, dass wir kein lineares, sondern ein exponentielles Geschichtsempfinden haben. Das heißt: Jüngere Ereignisse rücken für unser Empfinden eng zusammen, und je weiter wir zurückschauen, desto grober springen wir durch die Jahrhunderte. Um das Jahr 1200 wird in den Kirchen immer noch ausschließlich im Stil des gregorianischen Chorals gesungen – und das bereits seit gut 500 Jahren! Die Melodien sind einstimmig (es gibt noch keine Mehrstimmigkeit, keine Harmonien) und unbegleitet. Es gibt keine durchgehende Rhythmik, wohl aber eine Metrik (feste Versform), die Notenlängen folgen der Sprache.

Durch die Erfindung der Notenschrift im frühen Mittelalter können wir heute noch nachvollziehen, wie diese Musik klingt, während die Musik der Epochen davor im Dunkeln bleibt.

Das Interessante für uns: Durch die Erfindung der Notenschrift im frühen Mittelalter können wir heute noch nachvollziehen, wie diese Musik klingt, während die Musik der Epochen davor im Dunkeln bleibt. Der gregorianische Choral ist für unsere heutigen Ohren in seiner Schlichtheit eine Wohltat und wird seit einigen Jahren auch von ganz unreligiösen Menschen wiederentdeckt. Das »Veni Sancte Spiritus« (Komm herab, o Heiliger Geist), die so genannte Pfingstsequenz ist eines der schönsten Musikstücke dieser Gattung.

Interessant für uns ist aber vor allem der Text. Er spricht in so kompakter und kunstvoller Form von den Wirkungen des Heiligen Geistes, dass er für viele – auch heute – das Gebet zum Heiligen Geist geworden ist. Das Mittelalter scheint uns vielleicht weit weg, während uns die ersten Jahrhunderte durch das Neue Testament geistig nahe sind. Hier aber wird deutlich, dass es in allen Jahrhunderten der Kirchengeschichte geistliche und menschliche Weisheit gab, ein ewig gültiges Gottes- und Menschenbild, das die Lehre und das Wesen Jesu widerspiegelt. Das Mittelalter ist zum einen viel zu lang, um es über einen Kamm zu scheren, zum anderen ist es keineswegs nur »finster«, sondern es enthält – wie alle Epochen – Licht und Schatten.

Der Text spricht in so kompakter und kunstvoller Form von den Wirkungen des Heiligen Geistes, dass er für viele – auch heute – das Gebet zum Heiligen Geist geworden ist.

Die Kunst der Übersetzung

Geschrieben hat diesen Text Stephen Langton um 1200 in Paris, wo er Theologie studierte und lehrte. Später wurde er Kardinal und schließlich Erzbischof von Canterbury – also oberster Kirchenvertreter seiner Heimat England. Er war weitreichend an der Verfassung der Magna Carta beteiligt, auf der heutige Verfassungen – etwa in England oder den USA – beruhen.

Man darf sich die Originalsprache Latein nicht wie heute als reine Kirchen- oder Wissenschaftssprache vorstellen. Nach Ende des römischen Reiches blieb Latein die allgemeine Kultursprache und Grundlage der Kommunikation im christlichen Abendland – so wie heute Englisch weltweit gesprochen wird.

Springen wir ins Jahr 1971, gut fünf Jahre nach dem Zweiten Vatikanischen Konzil. Es hat die katholische Kirche grundlegend verändert. Eine wichtige Neuerung: Die Landessprachen im Gottesdienst werden nicht nur gefördert, sondern gefordert. Viele für Liturgie und Kirchenmusik wichtige Texte müssen jetzt übersetzt werden. In Deutschland steht die Herausgabe eines neuen Gesangbuchs an. In der Kommission arbeiten unter anderen der schweizer reformierte Theologe Markus Jenny und die katholische Theologin Marie Luise Thurmair. Diese beiden Namen tauchen im bis heute gültigen »Gotteslob« immer wieder auf. Aus Sicht der heutigen Lobpreisszene ist es unfassbar, dass es seit 40 Jahren noch immer kein neues katholisches Gesangbuch gibt. Zugleich hat das »Gotteslob« eine gewisse Genialität. Alle, die daran arbeiteten, hatten wohl eine sehr langfristige Perspektive.

Ich wäre gerne Spion im Jahre 1971 gewesen und hätte den beiden über die Schulter geschaut – interessanterweise eine Frau und ein Mann, katholisch und evangelisch.

Den beiden Übersetzern ist jedenfalls eine kongeniale Übertragung der Pfingstsequenz ins Deutsche gelungen, die sich – wie das Original –

durchgehend reimt, streng und konsequent das Versmaß hält, und die den wertvollen Inhalt verlustfrei transportiert, ja erst erschließt.

Mich als Texter begeistert das. Ich wäre gerne Spion im Jahre 1971 gewesen und hätte den beiden über die Schulter geschaut – interessanterweise eine Frau und ein Mann, katholisch und evangelisch.

Geistliche Textmarker

Ich will ein paar Stellen herausgreifen, die mir besonders aufleuchten und mich ansprechen. Wie bei allen liturgischen Gebeten werden das für verschiedene Personen zu verschiedenen Zeiten immer wieder andere Worte und Aussagen sein, die da aus dem Text aufleuchten.

Vers 1b: pater pauperum – der Vater der Armen oder der, der die Armen liebt. Der Heilige Geist kann nur leere Herzen und Hände füllen. Jesus preist die »Armen im Geist« selig. Dieses Wort mahnt mich, selbst meine Bedürftigkeit zu erkennen und es zuzulassen, solidarisch mit allen Armen zu sein. Zugleich entlastet es mich von allem Leistungsdruck.

Nur fünf Jahre später hat Franz von Assisi sein Berufungserlebnis und rüttelt in der Folge eine reiche und korrupte Kirche mit seinem radikalen Konzept von Armut auf. Armut als Vorraussetzung für das Wirken des Heiligen Geistes. Das hat uns heute viel zu sagen.

Vers 2b: Unrast – Ruh, Hitze – Kühlung, das malt mir den überhitzten Motor unserer kapitalistischen Gesellschaft vor Augen, unsere übervollen Terminkalender – auch in unseren Kirchen. Vor einiger Zeit habe ich eine neuntägige Pilgerwanderung unternommen, um meine innere Ruhe wiederzufinden. Wie im Mittelalter oder zu Jesu Zeiten bin ich einfach zu Fuß gegangen und hatte nur dabei, was ich tragen konnte. In der Schöpfung, im Alleinsein und in der Stille habe ich tatsächlich den Leben spendenden Heiligen Geist erlebt.

Vers 3a: cordis intima – das Herzensinnere, der Seele Grund. Heute sprechen wir vielleicht von Tiefenpsychologie, von verborgenen Motiven. Aber die meisten Menschen haben keine Ahnung, was das »Herzensinnere« sein soll. Sie leben nur auf der Außenseite. Interessant ist der lateinische Begriff »intima«. Wir suchen heute verzweifelt Intimität, vor allem in der Sexualität. In englischen Worshipsongs geht es um »Intimacy«, um Nähe zu Gott. Aber oft bleibt uns dieses Geheimnis von Herzensbeziehung zu Gott und Menschen verschlossen, obwohl wir daraufhin geschaffen sind. Das ist mein Gebet: Dring bis auf der Seele Grund, erneuere, heile, belebe, bewege mich von innen heraus!

Vers 3b: nihil – nichts kann bestehen, nichts in uns kann heil oder gesund sein ohne den Heiligen Geist. Eine krasse Aussage! Ich höre sie nicht so, dass Menschen, die Gott und seinen Geist nicht kennen, nichts Gesundes haben könnten. Eher anders herum: Überall, wo etwas nach Gottes Schöpfungsabsicht gedeiht, steckt der Heilige Geist dahinter. Er ist der Atem Gottes, der uns nach 1. Mose 2,7 erst zu einer lebendigen »Seele« macht, wie es Luther übersetzt. Das ist eine Lebendigkeit, die weit über die Biologie hinausgeht: der Mensch als Ebenbild Gottes – fähig, mit ihm zu kommunizieren und Gemeinschaft zu haben.

Aber der von Gott losgelöste Mensch wird zum Nihilist, alles wird sinnlos. Er vegetiert dahin, ist seinen Instinkten ausgeliefert. Jesus haucht uns von Neuem an, um uns in die Schöpfungsabsicht zurückzuholen (Johannes 20,22): Empfangt den Heiligen Geist!

Vers 4: Ein ganzes Seelsorgeprogramm – nicht nur für Einzelne, sondern für die ganze Kirche. Reinigung, Heilung, Korrektur. Dazu kommen Bilder, die den Zustand von Menschen und Institutionen beschreiben, der nicht direkt mit eigener oder fremder Schuld zu tun hat: Kälte, Dürre, Erstarrung. Löse, was in sich erstarrt! Wenn ich das bete, denke ich mal an die traditionellen Kirchen, mal an Männer jenseits der Lebensmitte, mal an mein eigenes Herz.

Anwendung und Vertonung

Der lateinische Text wurde neben der Urmelodie von vielen Komponisten vertont, etwa von Heinrich Schütz. Luther wurde zu seinem »Komm, Heiliger Geist, Herre Gott« von der Pfingstsequenz inspiriert. Das »Veni sancte spiritus« aus Taizé verzichtet weitgehend auf den Text und meditiert im Wesentlichen nur die erste Zeile – auch das hat etwas für sich!

Der deutsche Text von Thurmair und Jenny, der zunächst für die Original-Choralmelodie vorgesehen ist, wurde von Sr. Therese Donnet und Frieder Gutscher in modernen, rhythmischen Varianten vertont.

Ich persönlich mag den deutschen Text in der Originalvertonung (Gotteslob Nr. 244) sehr gerne, weil sie uns in deutscher Sprache einen Zugang zu dieser alten Musikform und zu zeitlosen Wahrheiten ermöglicht.

In der katholischen Kirche wird die Pfingstsequenz natürlich an Pfingsten selbst gesungen, oft auch schon in den neun Tagen vorher zwischen Himmelfahrt und Pfingsten, als Pfingstnovene, als gläubiges Warten auf den Heiligen Geist – wie damals die Jünger in Jerusalem.

Viele spüren aber, dass dieser Text uns das ganze Jahr über eine große Hilfe sein kann. Ich benutze ihn immer wieder in meiner Stillen Zeit. Außerdem singe ich das »Komm herab« gerne in Segnungsgottesdiensten, oft kombiniert mit weiteren Heilig-Geist-Liedern. Das Lied »Atem Gottes« habe ich genau für diesen Zweck geschrieben.

Ich gebe zu, für Ungewohnte ist der gregorianische Choral eine Herausforderung. Vielleicht kann uns ja ein studierter Kirchenmusiker dabei helfen. Die Pfingstsequenz ist aber auch so aufgebaut, dass jeder der fünf Verse zweimal drei Zeilen mit derselben Melodie enthält (a+b). Der erste Teil (a) wird oft von einem Vorsänger gesungen, der zweite (b) dann von der Gemeinde, die dann die Melodie schon im Ohr hat.

Die Pfingstsequenz hat uns also auf verschiedenen Ebenen etwas zu sagen: Geschichtlich führt sie uns in die spannende Zeit des Hochmittelalters. Musikalisch ist sie eine Perle des gregorianischen Chorals, die auch auf Enigma- und anderen Weltmusik-CDs zu finden ist. Vor allem aber ist das »Komm herab« ein geistlicher Schatz, sozusagen die Mutter der Heilig-Geist-Lieder. Und dass wir das Gebet um den Heiligen Geist dringender denn je brauchen, macht der ganze Text in seiner erstaunlichen Aktualität deutlich.

Liedvorschläge

- *Komm herab, o Heilger Geist*
  (Bearbeitung A. Frey, auf CD »Im Namen des Vaters«)
- *Komm herab, o Heilger Geist*
  (Vertonung F. Gutscher, auf CD »Im Gespräch«)
- *Komm herab, o Heilger Geist*
  (Vertonung Sr. T. Donnet)
- *Veni sancte spiritus*
  (Taizé)

Anhang

Übersicht zu liturgischen Gesängen der Messfeier

Name	**Funktion**	**Entsprechende Kategorie im Liederbuch Feiert Jesus! 4**
Introitus/ Eingangslied	Sammeln	1. Gott kommt
Kyrie (Herr, erbarme dich)	Buße	2. Gott suchen
Gloria (Ehre sei Gott)	Lobpreis	3. Gott loben 4. Gott ist …
Nach/zwischen Lesungen: Psalm/ Zwischengesang *Vor dem Evangelium:* Halleluja	Wort Gottes Raum geben	5. Gott im Leben

Nach der Predigt: **Credo** (Glaubensbekenntnis) Fürbitten	Glaubensbekenntnis	6. Gott bekennen
Offertorium/ Gabenbereitung **Sanctus** (Heilig) Gebet des Herrn: Vaterunser	Vorbereitung und Feier des göttlichen Geheimnisses	7. Gott anbeten
Agnus Dei (Lamm Gottes) Gesang zur Kommunion/zum Abendmahl	Empfangen	8. Gott handelt
Schlusslied/Segen	Sendung/ Segen	9. Gott segnet

fett: Ordinarium (Kapitel 1-5)
normal: Proprium (Kapitel 6)